코로나 이후 두 번째 차이나 쇼크
디지털 트랜스포메이션

코로나 이후 두 번째 차이나 쇼크
디지털 트랜스포메이션
초판 1쇄 발행 2020년 9월 28일

지은이 Andy KIM · 김영규
발행처 제네베라
디자인 김소은, 이정민, 이정은
마케팅 제네베라
등록번호 795-81-01047
주소 서울시 강남구 논현로 507 성지하이츠 3차 1503호
전화 02-2038-0165
팩스 070-4032-0799

책값 뒤표지에 있습니다
ISBN 979-11-963236-1-5

차례

코로나 이후 두 번째 차이나 쇼크
Digital Transformation

PART 1

왜 다시 중국인가

Digital Transformation이 점점 가속화되는 이유	22

PART 2

디지털 트랜스포메이션 이해와 마케팅 혁신

모바일 퍼스트	54
소셜 마케팅 자동화	60
SEO & SEM	77
SEO: 구글 vs. 바이두의 차이점	92
SEO 관점에서 잘못한 사례	98
중국 이커머스가 주도하는 3大 혁신 트렌드	106

PART 3

내가 만난 중화 혁신 리더들

카피캣의 신화, 샤오미	*131*
대륙의 늑대, 화웨이	*175*
O2O의 리더, 알리바바	*191*
대만의 자존심, TSMC	*209*
스마트폰의 창시자, HTC	*213*
휴대전화 삼합회, 오포/비보/원플러스	*223*
음향분야 빅3, 고어텍	*231*
전 세계 가전 1위, 하이얼	*239*
어느새 삼성, LG 턱밑까지 따라잡은 TCL	*247*
세계 1위 LCD 회사, BOE	*251*
대륙의 Cafe24, Youhaosuda	*255*

차례

코로나 이후 두 번째 차이나 쇼크
Digital Transformation

PART 4

생존의 화두, 신사업 발굴

HTC의 Vive-X 액셀러레이팅 사업 · 264
Goertek 그룹의 wemake 액셀러레이팅 사업 · 270

PART 5

DX, 어떻게 할 것인가?

'고객'이 원하는 DX에 집중 · 276
그러려면, 우선 '고객'이 누구인지 명확하게 · 280
과거 경험기반 인사이트를 현재 '데이터(사실)'로 보완 · 286
'관찰'로 고객에 대한 인사이트 확보 · 292
기술보다 '시나리오'가 우선 · 300
'개인맞춤형' 스마트 제품/서비스를 지향 · 311
'신속한 시행착오' 방식도 고려 · 319
혁신에 대한 '개방적' 태도 · 325

PART 1

왜 다시 중국인가

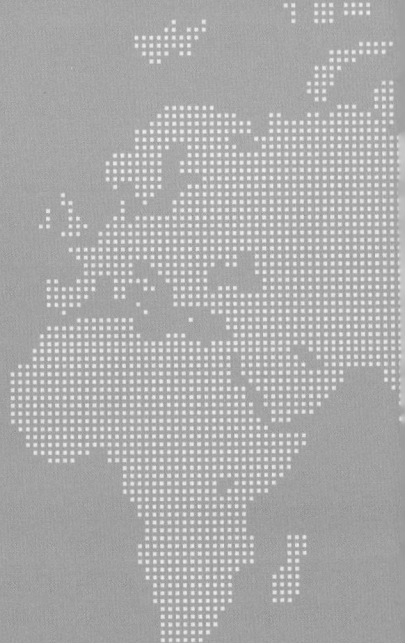

지금 다시 중국에 주목해야 할 이유

디지털 트랜스포메이션, 포스트 코로나 시대에 대한민국 정부와 기업들이 너 나 할 것 없이 이구동성으로 외치는 구호입니다. 그런데, 디지털 트랜스포메이션의 롤 모델로 우리는 왜? 바로 지금, 중국에 다시 주목해야 할까요?

경영컨설턴트로서 수많은 선진 사례 벤치마킹 프로젝트를 진행해 왔지만, 디지털 트랜스포메이션에 관한 한, 많은 분야에서 중국이 가장 앞서 있는 게 현실입니다. 코로나 사태 이후, 중국으로부터 또 한 번의 엄청난 충격파를 맞지 않으려면, 우리는 다시 중국에 주목해야 합니다. 많은 분들이 의아함을 넘어 '뭐야, 웬 중국?'이라고 생각할지도 모르겠습니다. 그러나 '디지털 혁신'이라는 주제 앞에서 중국은 반드시 주목해야 할 나라입니다.

대한민국은 이제서야 개인정보를 합법적으로 모으고 어떻게 관리하고 활용할지에 대한 입법이 완료되었습니다. 그러나 중국은 일찌감치 마음껏 빅데이터 사업을 펼쳐왔습니다. 이에 실상을 하나하나 비교해 보겠습니다.

<u>첫째, 역설적이게도 다른 어느 나라에도 없는 중국 공산당의 역할입니다.</u> 중국 공산당은 융복합 시대에 다양한 4차 산

업혁신을 실험하고, 파괴적 혁신을 맘껏 펼쳐 보기에 더없이 좋은 환경을 제공하고 있습니다. 중국을 잘 안다는 많은 분들이 이구동성으로 중국의 신사업 규제는 한국과는 정반대로 진행된다는 데 공감하십니다. 중국의 경우, 새로운 사업 모델이 등장하면, 일단은 아무런 법적 제한 없이 맘대로 하도록 내버려 둡니다. 이와 같은 처사는 심지어 수수방관하는 것처럼 보이기도 합니다. 그러나 이것이 1단계입니다. 한국에 우버가 들어오고 타다가 성공을 거두자, 택시 기사들이 생존권 방어를 이유로 대대적으로 파업했고, 여론에 떠밀려 우버도 금지하고, 타다조차 결국 폐업하게 된 것을 우리는 경험한 바 있지요. 반면 중국은 신사업이 가져올 파괴적 혁신에 대해 대체적으로 기득권을 보호하기보다는 전체적인 실익을 따져 보는 측면에서 우선은 아무 조치를 취하지 않습니다. 이런 점에서, 신사업이 등장할 때 중국 규제 당국이 취하는 입장이란, 이른바 사법권이 아예 관여하지 않는 무법의 단계라고 하겠습니다. 철저히 선실험, 후규제인 셈입니다. 이것은 뭘 규제하는 게 맞는지도 모르고, 섣불리 신사업이 꽃을 피우기도 전에 햇빛을 다 차단해 버리는 바보 같은 짓을 하지 말자는, 어찌 보면 매우 실리적인 태도라 하겠습니다. 이런 입장을 정부가 취할 수 있는 이유는, 공산당 1당 독재체제이기 때문입니다. 이에 대한민국 정부에 어떤 정권이 들어선다고 해도 따라하기는 거의 불가능한 모델이겠지요. 아무튼 중국에서는 신사업에 선발주자가 등장한 후 여기저기서 제2, 제3의 경쟁 업체가 우후죽

순 등장하여 산업이 어느 정도 규모화되었다고 판단이 되면, 그제서야 불법과 합법의 경계를 규정하고 규제하는 2단계에 돌입합니다. 재미있는 건, 불법으로 규정된 사항만 시행하지 않으면 뭘 해도 불법이 아니기 때문에, 생각하지도 못했던 기발한 편법, 불법행위들이 속속 등장하게 된다는 점이지요. 그리하여, 충분히 시장을 관찰하고, 여러 사례들을 보면서 신산업에 대한 이해도가 높아진 당국이 바야흐로, 무엇이 합법인지를 정의하는 마지막 3단계까지 오게 됩니다. 3단계가 되어서야, 정의된 대로 하지 않으면 나머지는 다 불법으로 규정되는 셈입니다. 한국에선 제일 먼저 합법을 정의하지만 중국에선 가장 마지막 단계에 일어나니, 파괴적 혁신의 성격을 가진 신사업일수록 한국에선 규제가 만들어지기 전엔 시작도 못해 보는 셈입니다. 이런 점에서 중국에선 신사업이, 특히 사업 모델이 파괴적인 사업이 먼저 꽃을 피우기가 상대적으로 유리하다고 할 수 있겠습니다. 적어도 정부의 역할과 시장규제란 측면에서 보자면 그렇다는 거지요.

시장규제와 조정의 역할을 맡은 정부당국의 입장에서도 신사업이 태동하는 단계에 무엇을 규제하고 어떤 것을 합법적으로 풀어줘야 할지를 선행적으로 미리 다 생각해서 결정해 줘야 한다는 것은 엄청난 부담이 아닐 수 없습니다. 신사업이 어떤 방식으로 진화·발전해 갈 것인가를 처음부터 예상하기란, 그리고 완벽하게 제대로 예측하기가 얼마나 어려울까요? 아무튼 시장규제란 측면에서는 중국이 한국보다 파괴적 혁신 산업 수용에 유리한 측면이 있는 것이 사실입니다.

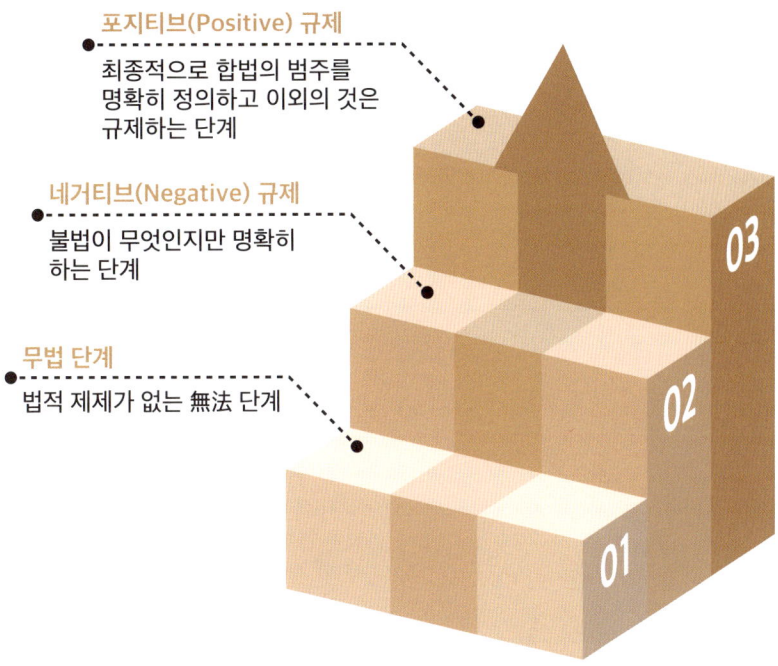

중국의 사업 규제 3단계

포지티브(Positive) 규제
최종적으로 합법의 범주를 명확히 정의하고 이외의 것은 규제하는 단계

네거티브(Negative) 규제
불법이 무엇인지만 명확히 하는 단계

무법 단계
법적 제제가 없는 無法 단계

게다가 중국 정부는 사회주의 체제 안정을 위해 인터넷 검열 시스템인 '만리방화벽'을 만들었고, 이를 통해 방대한 중국 시장에 구글, 페이스북 같은 글로벌 기업들의 진출을 사전에 차단한 것이 결과적으로 중국 토종 기업의 성장에 결정적 역할을 하게 됩니다. 그 결과 중국의 검색 서비스로는 바이두가, 메신저는 위챗이, SNS는 웨이보 등이 시장 지배적 사업자로 성장할 수 있었지요.

둘째, 디지털에 대한 사회 인식과 사용자들의 수용성 측면에서 중국 시장은 매우 이상적이라 하겠습니다. 한국과 중국은 전 세계에서 전자상거래 비중이 30%에 육박할 만큼 디지털 전환율이 압도적으로 높은 Top 2 국가입니다. 하지만, 한국이 여전히 PC 기반 전자상거래 비중이 압도적으로 높고, PC에서 모바일로 전환돼 가는 단계라면, 중국은 PC 단계를 건너뛰고 사실상 모바일로만 돌아가는 세상입니다.

중국의 디지털 세상을 생각해 보면, 모바일과 QR코드 두 가지를 먼저 떠올리게 됩니다. 사실 QR코드는 이미 1994년에 일본 도요타의 협력사가 개발해 놓고 특허를 주장하지 않아 널리 범용화된 기술이지요. 아무나 QR코드를 생성하고, 사용자들은 휴대폰 카메라만 들이대는 것으로 누구나 쉽게 쓸 수 있지만, 이를 결제 수단으로 쓰기엔 보안 위험이나 안정성 측면에선 여전히 불안하고 한계도 많습니다. QR코드 속에 누군가 몰래 바이러스나 악성코드를 심어 둔다면, 사용자는 속수무책으로 당할 수 있습니다. QR코드를 읽고 결제하는 중간에 누군가 코드 값을 가로채면 해킹도 가능하기 때문이지요. 이런 불완전한 솔루션을 중국 밖의 선진국에서 결제 수단으로 처음부터 받아들이기란 어려웠겠죠. 앞서 설명한 대로, 중국은 선활성화, 후규제라는 체계하에 움직이는 거대한 실험실과 다름이 없습니다. 이렇게 해서 불완전해도 쓰기 편한 QR코드를 기반으로 위챗페이, 알리페이가 모바일만이 아니라, 오프라인에서도 기본 결제 수단으로 자리 잡게 되었습니다. 심지어 초기에는 이런 결제로 일어난 매출에 대한 결제 수수료도 없고, 일체의 세금도 매기지 않는 등 파격적인 정책으로 밀어줬습니다. 그뿐인가요? 중국의 모바일페이는 신용카드가 아니라 기본적으로 국가 기간망인 은행 계좌 간 송금을 기반으로 실시간 이체하는 것이기 때문에, 결제한 대금이 판매자에게 즉시 입금되는 장점도 있습니다. 이러다 보니, 중국에서 거주한다면 지갑에 현금이 한 푼도 없는 것보다 휴대폰에 배터리 잔량이 충분치 않은 것이 더 불안합니다. 이런 경우에는 집을 섣불리 나설 수 없는 심각한 문제가 아닐 수 없지요. 웬만한 식당이나 교통편의 결제 수단으로 어느 나라에서나 통하던 신용카드는 무용지물이기 때문입니다.

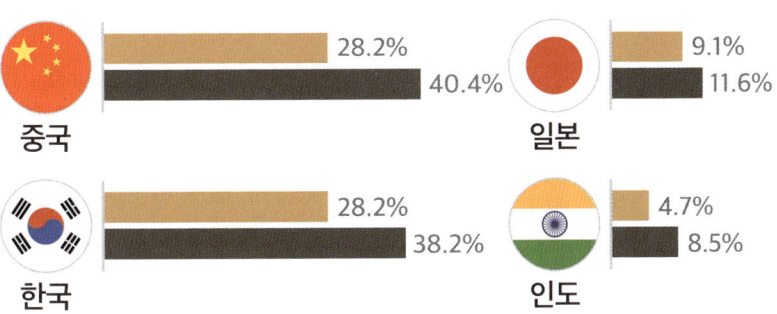

아시아 주요 국별 전자상거래 비중 전망

중국 28.2% / 40.4%
일본 9.1% / 11.6%
한국 28.2% / 38.2%
인도 4.7% / 8.5%

2019년 vs 2024년, 출처 _ 유로모니터

셋째로, 중국은 빅데이터를 사실상 마음대로 모으고 활용해서 사업화한 경험이 풍부하게 축적된 매력적인 거대 단일 시장이란 점입니다. 그리고 이토록 방대하게 수집되는 온갖 종류의 개인정보를 가진 대형 사업자들을 궁극적으로는 공산당이 직접 통제합니다. 조지 오웰의 책 『1984년』에 등장하는 빅브라더의 세계가 중국인 셈이지요. 중국은 이런 데이터들을 활용하여 무엇이든 할 수 있습니다. 게다가 이런 환경 안에서 수많은 시행착오를 거쳐 왔기에, 데이터 활용에 있어 잘못이 발견된다 하더라도 이를 어떻게 해결해야 할지에 관한 노하우와 경험치를 세계에서 가장 많이 가지고 있을 수 밖에 없습니다. 더군다나 우리나라의 경우에는 중국에 비해 빅데이터의 방대성, 즉각성 등은 물론이거니와 기술적 챌린지와 이를 극복하기 위한 인프라 및 전문 인력의 영역에서 힘에 겨운 현실입니다.

2019년 12월 31일 발간된, 국회 입법조사처의 「인공지능 기술·활용·인재 현황과 시사점」 보고서에 따르면 전 세계 인공지능 핵심 인재 500명 가운데 우리나라 출신 비율은 1.4%에 불과합니다. 이 수치는 미국(14.6%)과 중국(13.0%)의 10분의 1 수준에 불과한 실정입니다.

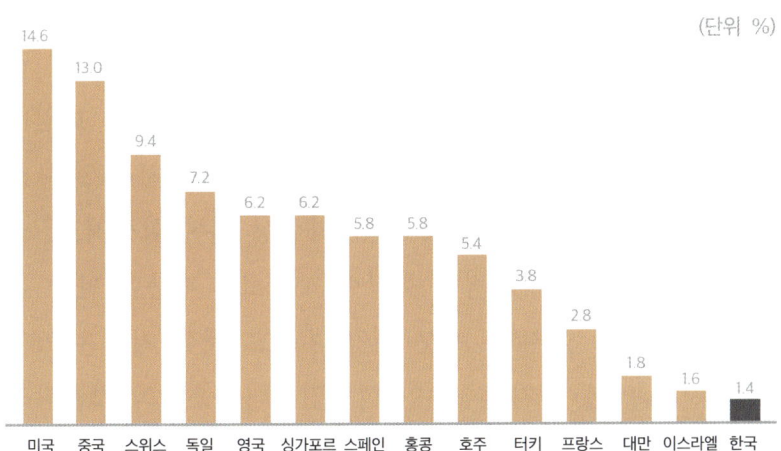

전 세계 인공지능 핵심 인재 500명의 출산 국가별 비중

자료 _ 이승환(2019) 「인공지능 두뇌지수 (AI Brain Index): 핵심 인재 분석과 의미」

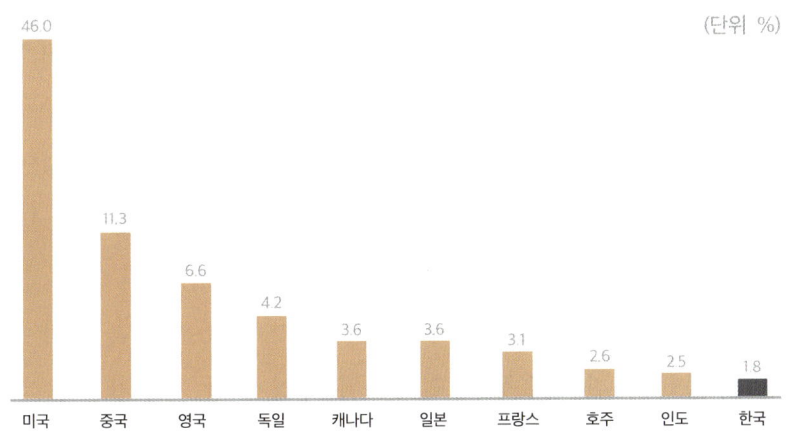

전 세계 인공지능 전문 인력 22,400명의 활동 국가별 비중

자료 _ 엘리먼트 AI 홈페이지

마지막으로, 우리가 경쟁해야 할 상대는 이미 더 이상 중국 회사가 아니고, 막대한 자본과 기술력으로 무장한 글로벌 초거대 기업들이란 점에 긴장해야 합니다. 중국의 박쥐라 불리는 'BAT'(Baidu, Alibaba, Tencent)의 알파벳 첫 글자를 따서 칭함) 삼총사를 보면 더욱 극명한 차이가 보입니다. Alibaba(2020년 6월 기준, 기업가치 646조 원)는 일본 소프트뱅크가 32%의 지분을 보유한 사실상 일본 회사지요. 소프트뱅크의 위기로 손정의 회장이 Alibaba 지분을 팔아 적자를 보전하고 있지만, 지분 매각 후에도 예상 지분은 28%로 여전히 일본이 지배주주인 회사입니다. 중국의 네이버라고 할 수 있는 Baidu(2020년 6월 기준, 기업가치 484조 원)는 미국 DFJ Capital이 30%를 소유한 미국 회사입니다. 정작 중국 창업자 지분은 10%에도 못 미치니 지배구조로 보자면, 미국 회사가 분명합니다. 게임을 비롯한 종합 엔터테인먼트 회사로 성장한 Tencent(2020년 7월 기준, 기업가치 800조 원)는 특이하게도 남아프리카공화국의 미디어 기업인 내스퍼스(Naspers)의 자회사인 MIH TC가 지분율 33.6%로 1대 주주입니다. 2020년 6월 기준, 해당 분야 대한민국 대표 선수인 네이버의 기업가치가 40조 원, 온라인쇼핑 1위 사업자인 네이버의 쇼핑 부문의 사업가치가 대략 16조 원, 게임 분야 선두 주자인 넥슨과 NC Soft가 각각 기업가치 20조 원을 돌파했으니, 중국과 한국의 동종 업계 1위 사업자 간 기업가치는 최소 10배 이상 벌어집니다. 체급상으로 성인과 유치원생의 싸움이라 할까요? 그런데다, 중국의 ICT 강자들은 한국의 해당 분야 생태계라는 숙주에 투자한다는 명목으로 이미 빨대를 꽂고 성장 동력과 혁신의 씨앗들을 쪽쪽 빨아들이고 있는 상황이지요. 한국의 ICT 산업 글로벌 경쟁력이 여전히 하드웨어에 한정되는 동안, 어느새 소프트웨어 강국으로 성장한 중국은 한국의 소프트웨어와 콘텐츠 산업을 숙주화시킨 상태는 아닐지 걱정됩니다. 예를 들어 모바일 메신저 카카오톡은 한국이 먼저 개발해서 중국의 위챗이 후발 주자이지만, 위챗은 이미 카카오톡의 2대 주주이고, 기능이나 혁신면에서 위챗은 이미 엄청난 슈퍼 어플리케이션(이하 앱, 어플)이 돼 버렸으니까요. 중국 친구들에게 "카카오톡이 먼저 개발했어"라고 말하면, "카카오톡의 주요주주는 위챗인데"라고 되받아치는 상황이 되었습니다.

Digital Transformation이
점점 가속화되는 이유

    4차 산업이니, 융복합 혁명이니 하는 기술 변화가 갈수록 빨라지고 있습니다. 예전엔 날밤 새면서 일해서 그랬다 쳐도, 지금은 주 5일 시대라서 잔업도 대폭 줄어들었는데, 왜 혁신의 속도는 더 빨라지는 걸까요? 중국의 ICT 기업들이 어떻게 신사업을 시작해서 규모를 확대하는지(Scale-up) 내부에서 자세히 그 성장 과정을 지켜보면서, 특히 다음의 세 가지가 혁신을 가속화시키는 중요한 역할을 하고 있음을 알 수 있었습니다.

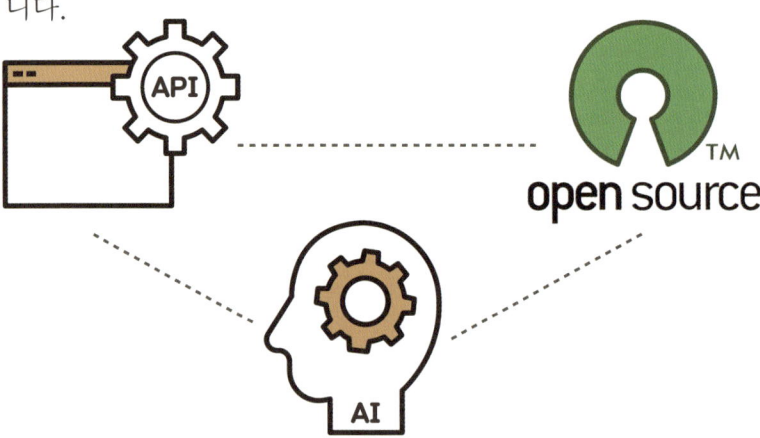

첫째로는 API로 움직이는 세상이란 점입니다. 취준생들 사이에 흔히 알려진 말로 '문송'('문과라서 죄송합니다'의 약어)이란 말이 있지요. 그런데 API로 프로그램과 프로그램, 시스템과 시스템이 서로 연동되어 움직이는 세상에선 더 이상 문송일 필요가 없습니다. API는 Application Programming Interface를 줄인 약자입니다. 이것은 프로그램을 개발할 때 필요한 기능 하나하나를 일일이 다 개발할 필요 없이, 누군가 개발해 놓은 기능을 가져다 쓰면 되도록 해주는 역할을 합니다. 내용이 뭔지 몰라도, 간단하게는 서너 줄에 불과한 프로그래밍 코드를 내가 구동하려는 프로그램에 복사해서 붙여 넣기 하면, 해당 기능이 작동하게 되는 신기한 세상입니다. 필자도 대학 시절에 Basic이라는 프로그래밍 언어를 잠시 흥미 삼아 공부해 본 적이 있습니다. 또한 엑셀 프로그램에서도 '매크로'라는 Visual Basic 프로그래밍 기능을 사용해 봐서, API작동 메커니즘을 금방 이해할 수 있었습니다. 단순한 기능들이야 이런 프로그래밍 소스 코드를 복사해서 갖다 넣기 하는 것으로 쓸 수 있지만, 조금만 복잡해져도 일일이 이런 식으로 사용하기보다는 프로그램과 프로그램 간에 서로 소통하는 인터페이스(Interface)를 제공해서, 각자 만든 프로그램을 지속 발전, 변경시켜도 서로 유기적으로 작동하는 데 문제가 없도록 프로그램 간 서로를 쓸 수 있게 해주는 방법이 API라고 이해하면 되겠습니다. 자동차를 예로 들자면, 자동차가 어떻게 구동되는지 전혀 몰라도 그냥 키만 꽂으면 전체 시스템을 통제하고 운용할 수 있는 것과 같습니다. 즉 시스템과 시스템 간 연결고리가 되는 것이 바로 API인 셈입니다.

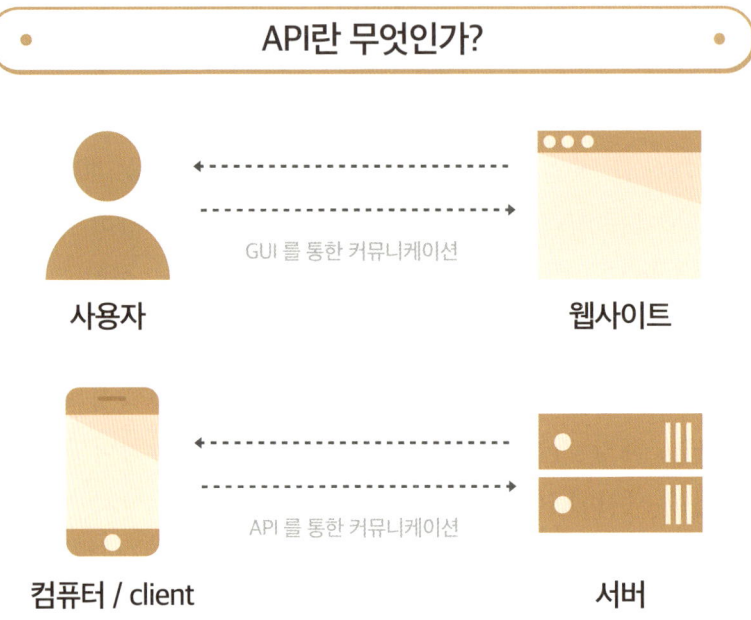

이걸 좀 더 쉽게 음식점의 상황에 비유해 보겠습니다. 음식점에 들어온 손님은 해당 음식을 어떻게 만드는지 몰라도 메뉴판에서 그냥 뭘 먹겠다고 고르기만 하면, 이를 웨이터(API)가 찰떡같이 알아듣고, 주방에 가서 주문받은 음식을 이렇게 저렇게 만들어 달라고 알려주는 메신저 역할을 하지요. 손님은 웨이터를 통해서 요리사가 내가 주문한 음식을 만들도록 움직이고, 조리 과정에서 뭘 더 넣고 뺄지 이런 사항들도 양자 간 메신저에 해당하는 웨이터가 둘 사이를 왔다 갔다 하면서 소통합니다. API가 있음으로 중간에 고객이나 조리사가 바뀌어도 아무런 문제없이 식당이 잘 굴러가도록 할 뿐 아니라, 둘 사이에 지속적인 의사소통이 실시간으로 이뤄질 수 있는 것입니다.

손님 ←----→ 웨이터 ←----→ 부엌
(APP / Client)　　　　(API)　　　　(Server / Assets)

두 번째는 프로그램이나 복잡한 시스템조차 점차 오픈 소스(Open Source)를 채택하는 비중이 높아지고 있습니다. 오픈 소스란 해당 프로그램을 만든 소스 코드가 암호화되고 특허로 묶인 게 아니라 공개되어 있을 뿐 아니라, 해당 오픈 소스를 사용하는 데 있어 허가(License) 걱정 없이 누구나 써도 된다는 의미를 내포하고 있습니다. 하지만 현실은 오픈 소스가 반드시 무료란 뜻도 아니고, 누군가의 특허를 침해했다는 소송의 위험에서도 완전히 자유롭다는 뜻은 아님을 유의해야 합니다. 그러기에 누군가 제공한 소스 코드가 적법하고 해킹의 위험에서 안전한지 등을 확인해 주는 온라인협회도 존재합니다. 또한, 혹시 내가 만든 프로그램이나 회사의 시스템이 특허 침해 소지가 있는 오픈 소스를 사용하고 있는 건 아닌지를 정기적으로 점검하고 분석해서 대응책을 제안해 주는 서비스 업체들도 빠르게 성장하고 있습니다. 아무튼 요는 공개된 프로그램 소스 코드를 통해, 내가 일일이 다 개발하는 것보다 쉽고 빠르게 전체 프로그램 개발을 완료할 수 있게 됨으로, 혁신의 속도가 빨라지는 건 당연지사입니다. 오픈 소스를 통해 우리는 누군지도 모르는 프로그래머들과 협력할 수 있게 된 셈입니다.

마지막으로, AI가 이제는 프로그램 개발에서 특히 사람은 생각지도 못했던 모든 가능성의 오류를 미리 점검하고 버그를 잡아내는 쪽에 활용됨으로, 개발 테스트 검증에 들어가는 시간과 비용을 획기적으로 줄이고 품질을 높여주고 있습니다. 필자가 삼성전자 무선사업부에 재직했던 시절, 새로 출시될 갤럭시 폰에 기본 탑재될 어플리케이션(이하 앱, 어플)의 기능 오류나 버그를 잡아내기 위해, 그해 입사한 석박사급 엔지니어들까지 포함한 수백 명이 몇 주간 철야로 그 지루하고 재미없는 디버깅 작업을 수행한 기억이 납니다. 이제 이런 것들을 AI가 대체하고 있으니, 여기서 절약할 수 있는 인건비만 해도 어마무시한 건 당연하겠지요.

이제 이 세 가지 요소를 합쳐서 왜 소프트웨어 개발이 가속화될 수 있는지를 종합적으로 이해해 보십시다. API와 오픈 소스를 통해, 새로운 프로그램이나 플랫폼의 연동은 전원 콘센트를 꽂든, Plug-in을 통해 즉시 구현이 가능해졌습니다. 예를 들어, 내가 구축한 쇼핑몰의 결제 수단으로 알리페이를 적용하고 싶다면, 알리페이를 내가 어느 세월에 개발해서 붙여 넣는 게 아니라, 알리페이의 API와 내 플랫폼의 API를 서로 플러그인하는 방식으로 즉시 구현할 수 있는 것이지요. 그리고 Bug test와 시스템 안정화에 이제는 사람이 일일이 달라붙지 않아도, 내·외부 기술 생태계에 누적된 빅데이터를 활용하여 온갖 가능성을 다 테스트해 볼 수 있습니다. 게다가 혹여나 있을지 모를 소스 코드의 기술 침해, 저작권 이슈 등을 검증할 수 있게 되었습니다.

특히, 갈수록 초고도화되는 개인화 맞춤 서비스에는, 사실상 AI를 기본 엔진으로 구동하지 않고선 실현이 불가능한 시대를 우리는 살아가고 있습니다. 가령 중국의 빼빼로데이라는 11월 11일, 광군제 하루 동안에만 타오바오몰 하나에서만 수십조 원의 매출이 발생하는데, 실시간으로 적정 재고와 수요 선호도에 따른 사이트 내 상품 노출 및 프로모션 최적화만 예를 들더라도 아무리 많은 사람들이 달라붙어 한다고 해도 micro second 단위로 최적화 대응이 불가능 합니다. 이를 대충 했다간 이에 따른 매출 기회 손실은 엄청날 수밖에 없습니다.

IBM Great China(중국, 홍콩, 대만을 통칭하는 대중화 지역 총괄) 컨설턴트 당시, 한 종합병원의 AI 프로젝트를 수행하면서, 전략적 난제 중 하나는 AI의 윤리성에 대한 딜레마였습니다. 아래에 예로 든 사례처럼 병원의 수익성, 치료의 효과와 위험성, 치료 비용이라는 측면에서 병원과 의사, 환자 입장에서 최선의 선택이 다를 수밖에 없습니다.

AI의 윤리성에 대한 딜레마

	치료 효과	치료 비용	시술 위험	병원 수익성
시술법 1	90%	$ 100,000	20%	15%
시술법 2	85%	$ 80,000	10%	20%
시술법 3	70%	$ 85,000	5%	25%

누구의 관점에서 의사결정을 내려야 하는지에 따라, AI는 완전히 다른 결론을 도출할 수밖에 없으니까요. AI를 기술적으로만 접근할 게 아니라, 사업화 시 어떻게 적용하는 게 맞는지에 대해 기술적 진보가 더 이뤄지기 전에 사회적 합의점을 서둘러 정리하는 게 필요합니다. 이런 측면에서 AI 도입을 거침없이 진행하고 있는 중국 시장의 사례를 잘 살펴보는 것이 한국 기업들에게 의미 있는 통찰(Insight)을 제공해 줄 것이라고 생각합니다. 어느날 갑자기 중국발 코로나로 전 세계 경제가 패닉에 빠진 것처럼, 중국의 디지털 침공에 준비된 한국이 되길 바라면서, 이제부터 본격적인 논의를 시작하고자 합니다.

PART 2

디지털 트랜스포메이션 이해와 마케팅 혁신

디지털 트랜스포메이션(Digital Transformation)이 대체 무엇일까요? 우리가 살고 있는 2020년 현재, 전 세계적인 코로나 사태가 사실상 오프라인 전 부분에 걸쳐 비대면, 비접촉 방식을 요구하다 보니, 다양한 디지털 솔루션들이 속속 일상을 바꿔 놓고 있지요. 그러나 정작 디지털 트랜스포메이션(Digital Transformation)이 의미하는 것이 무엇이고, 왜 해야 하는지에 대해서는 이견이 분분합니다. 세계적인 기업과 컨설팅 업체들은 이미 몇 년 전에 다음과 같은 정의를 내놓았습니다.

디지털 트랜스포메이션의 정의

구분	정의
Bain & Company	디지털 엔터프라이즈 산업을 디지털 기반으로 재정의하고 게임의 법칙을 근본적으로 뒤집음으로서 변화를 일으키는 것
AT Kearney	모바일, 클라우드, 빅데이터, 인공지능(AI), 사물인터넷(IoT) 등 디지털 신기술로 촉발되는 경영 환경상의 변화에 선제적으로 대응하고, 현재 비즈니스의 경쟁력을 획기적으로 높이거나, 새로운 비즈니스를 통한 신규 성장을 추구하는 기업 활동
PWC	기업 경영에서 디지털 소비자 및 에코시스템이 기대하는 것들을 비즈니스모델 및 운영에 적용시키는 일련의 과정
MS	고객을 위한 새로운 가치를 창출하기 위해 지능형시스템을 통해 기존의 비즈니스모델을 새롭게 구상하고, 사람과 데이터, 프로세스를 결합하는 새로운 방안을 수용하는 것
IBM	기업이 디지털과 물리적인 요소들을 통합하여, 비즈니스모델을 변화시키고, 산업에 새로운 방향을 정립하는 것
IDC	고객 및 시장의 변화에 따라 디지털 능력을 기반으로 새로운 비즈니스모델, 제품 서비스를 만들어, 경영에 적용하고, 지속가능하게 하는 것
WEF(World Economic Forum)	디지털 기술과 성과를 향상시킬 수 있는 비즈니스 모델을 활용하여, 조직을 변화시키는 것

출처 _ TTA Journal Vol. 172 (17년 7월)

공통적으로 강조하는 핵심 포인트만 뽑아 현장의 눈높이에 맞게 풀어보자면, 디지털 트랜스포메이션(Digital Transformation)은 다음의 세 가지 목적을 충족하는 혁신이라 하겠습니다.

DX(Digital Transformation) 이란?

01 문제 해결

02 효율성 향상

03 새로운 가치 창출

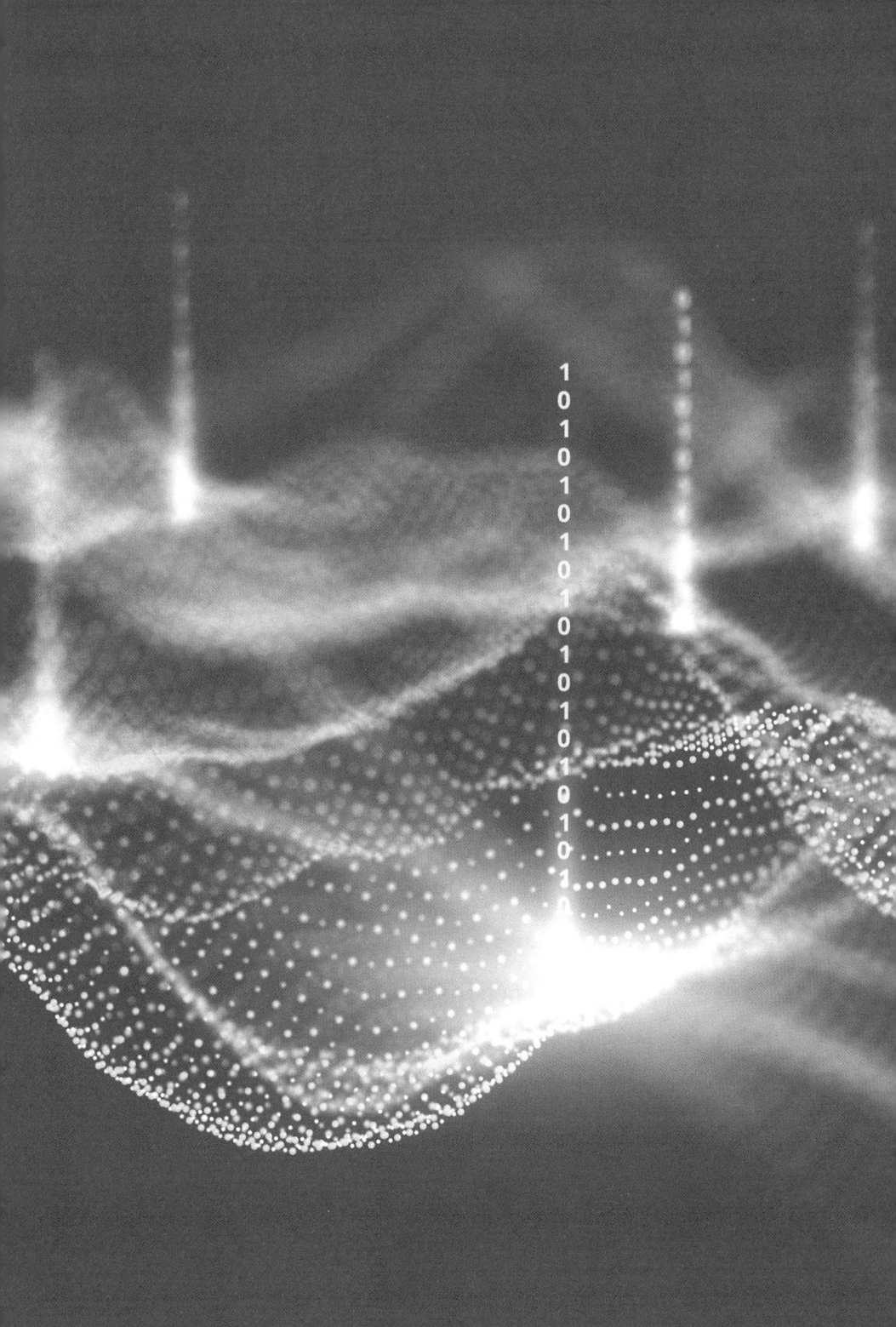

첫째는, 기존 사업하는 방식에 존재하는 불편함(pain point)이나 문제점들을 해결해야 합니다. 그런데 어떤 문제들은 너무 익숙해져서 문제인지 인식도 못한다는 데 문제가 있습니다. 말장난처럼 들릴 수 있겠으나 왜 이런 식으로, 왜 저렇게 해야 하는지, 너무나 익숙한 기존 일하는 방식에서부터 근본적인 이유(why)를 끝없이 질문하지 않는다면, 문제인지도 모른 채 당연하게 받아들이고 있는 문제들을 현장에서 쉽게 찾을 수 있게 됩니다.

둘째는, 디지털 방식을 도입함으로 효율을 높이는 개선 효과가 있어야 합니다. 예를 들어 최저시급이 급격히 올라감에 따라 한계에 다다른 대부분의 영세 식당들이 주문과 결제를 키오스크(Self-Service Kiosk)로 해결하는 것이 대표적인 사례이겠습니다. 비용을 줄이고 생산성을 높이되, 서비스 품질은 최소한 유지하거나 오히려 더 높일 수 있는 이런 ROI(Return on Investment) 제고가 그것입니다.

그리고 마지막으로 디지털 전환을 통해, 기존에 없던 새로운 가치를 창출해 낼 수 있어야 합니다. 결론적으로 디지털 트랜스포메이션(Digital Transformation)의 방점은 디지털이 아니라 혁신과 변화에 있습니다. 디지털은 이를 구현하는 하나의 수단에 불과할 뿐이고, 어떤 부분은 디지털로 전환하는 게 오히려 더 부작용을 초래하기도 합니다.

최근의 사례를 들어 보겠습니다. 최저임금의 급격한 인상과 코로나 사태로 수많은 외식업에서 다양한 서비스 로봇들이 현장에 투입되고 있습니다. 그 한 예로, 로봇 바리스타 케이스가 있습니다. 한국에서도 유사한 로봇 카페가 등장하여 언론에서도 많이 소개된 바 있지요. 로봇 카페의 원조격이라 할 수 있는 미국 샌프란시스코를 기반으로 하는 스타트업 Café X는 초기 투자 당시의 열풍을 이어 가지 못하고 결국 사업이 대폭 축소되는 분위기입니다. 이것을 보면 고객들은 인간 바리스타만이 줄 수 있는 정서적 가치를 더 중요시하는 것 아닐까요?

유튜브 동영상
미국 로봇 바리스타 사례(Café X)

이에 비해, 고객의 접점이 아닌 관리 업무(back office)를 로봇이 대신하는 분야는 현실적으로 더 매력적인 대안으로 보입니다. 아래 비디오 클립에서 보시다시피, 닭을 튀기는 일은 위험하고 건강에도 해로울 뿐더러 고객이 특별히 관여하지 않는 일입니다. 이런 작업을 로봇이 대신하는 방식이야말로 공급자와 소비자 모두에게 더 적합한 혁신이 아닐까 합니다.

유튜브 동영상
한국 두산 로보틱스의 로보틱 치킨 사례

의료 분야를 한 번 살펴볼까요? 전 세계적인 코로나 팬데믹으로 원격 헬스케어(remote healthcare)만큼 빠르게 사업성이 제고되고 성장세가 기대되는 분야도 없지 않은가 합니다.

웬만한 질병으론 병원 가기도 꺼려지고, 특히 만성질환처럼 지속적인 케어가 필요한 분야일수록 바이오 빅데이터를 활용한 사전 예방적 케어가 다양한 전자기기에 접목될 것으로 기대됩니다.

다음은 일상에서 자주 접하는 거울이 우리 삶을 어떻게 혁신할 수 있을지를 생각하게 해 주는 컨셉 데모 영상입니다.

유튜브 동영상
욕실 거울이 어떻게 일상을 바꿀지 보여주는 콘셉트 영상
(Poseidon Smart Mirror)

유튜브 동영상
파나소닉이 개발한 Smart Mirror & Toilet 데모 영상
(Check your health and appearance with this 'magic mirror')

언택트 시대에 맞게 오프라인 의류, 신발 매장들도 접촉을 최소화해 주는 혁신 모델이 속속 도입되고 있습니다. 불특정 다수가 입어 보고 신어 보는 감염, 오염의 리스크 없이, 점점 더 정교해진 착상감을 제공하는 스마트 미러의 도입이 보편화되지 않을까 합니다.

유튜브 동영상
스마트 미러가 전통적인 오프라인 유통을 어떻게 바꾸고 있는 보여주는 콘셉트 영상(Luxury smart fashion mirror)

디지털 트랜스포메이션(Digital Transformation)이 위와 같은 세 가지 관점에서 추진되어야 한다면, 변화를 추구하는 조직 구성원 간의 공감을 그 출발선으로 삼아야 합니다. 즉, 변화의 필요에 대한 공감을 이루는 것이 그 시작이 되어야 합니다. 이러한 공감대를 기반으로 무엇을 바꿔야 하는지에 관한 기회 영역을 도출하고 정의하는 것이 다음 단계가 되겠습니다. 그런 이후에나 구체적으로 어떤 방법론이 있는지 솔루션을 찾고, 적용하는 단계가 진행되어야 하겠지요.

요약하자면, 디지털 트랜스포메이션(Digital Transformation)은 먼저 왜(Why)에서 시작해서, 무엇(What)을 정의하고, 어떻게(How)로 이어지는 과정을 거쳐야 합니다. 이것이 바로 엉뚱한 변화라는 시행착오를 줄이는 길입니다.

본 책에서는 각자 처한 비즈니스 상황과 니즈에 따라 정의되어야 할 왜(Why)와 무엇(What)에 대한 내용은 글로벌 혁신 사례 소개를 통해 대신하고자 합니다. 그리고, 어떻게(How)에 대한 부분은 필수적으로 알아 둬야 할 기술적 이론들과 방법론을 소개하는 것으로 대신하고자 합니다.

2020년은 한국 시장에 코로나 외에도 디지털 전환이 가속화되는 분수령이 되는 해입니다. 2020년 1월부로 드디어 데이터 3법(개인정보 보호법, 정보통신망법, 신용정보법)이 발효되어 합법적으로 데이터를 모으고, 분석하고, 활용할 수 있는 길이 열렸기 때문이죠. 바야흐로 본격적인 빅데이터 활용을 통해 우리가 보지 못했던 혁신적인 서비스들이 쏟아져 나올 것으로 기대됩니다.

빅데이터 비즈니스에서 특히 중요한 것은 스마트폰으로, 사실상 거의 모든 데이터가 연결되고 모이는 세상을 우리는 이미 살고 있습니다. 전 세계적으로 거의 모든 스마트폰 사용자들이 스마트폰을 사실상 24시간 켜 둔 채 생활합니다. 이때 사용자들은 웬만한 어플이나 서비스에 한 번 로그인하면 계속 로그인한 채 이용합니다. 이 점에서 PC 기반으로 돌아가던 세상과 전혀 다른 빅데이터 환경이 이미 이뤄져 있던 셈이죠. 이처럼 24시간 연결된 방대한 데이터를 잘 모아서, 제대로 활용할 수만 있다면, 소비자 한 사람 한 사람에게 맞춤형 제품과 서비스를 적시에 제공할 수 있겠지요.

코로나 팬데믹을 맞아, 생활 전반이 비대면·비접촉으로 이뤄지는 언택트(Untact) 사회가 되었습니다. 그 대신 디지털로 접촉하는 온택트(Ontact)가 빠르게 확산되고 있지요. 이제는 웬만한 장소를 돌아다니려면 휴대폰을 켜고 실명으로 인증하다 보니, 개인의 동선, 체류 시간, 활동 내역 등등이 개인정보와 함께 모이고 추적 가능한 초연결 사회가 만들어졌습니다.

언택트(Untact) → 온택트(Ontact) → 초연결 사회(Hyper-connected Society)

법률적 규제나 제도 측면에서도, 빅데이터 비즈니스가 꽃피우기에 이상적인 환경이 만들어지고 있습니다. 데이터 3법이 발효되어 이제는 합법적으로 데이터를 모으고, 분석하고, 활용할 수 있게 된 거지요. 디지털로 모든 정보가 연결되고 모이는 초연결 사회가 만들어진 건, 가히 코로나의 역설이라 하겠습니다.

그러면 기업은 고객정보를 어떻게 모으고, 어떻게 항상 최신의 가장 믿을 만한 소스를 통해 데이터를 유지해서 활용할 수 있을까요? 이를 CRM(고객 관계관리, Customer Relationship Management)이라고 부르던 시절, IT 컨설팅 회사들이 고객 DB를 구축하고 이를 활용해서 DB마케팅을 가능케 하는 인프라를 구축한다는 명목으로 대기업 고객사에 수십억에서 수백억짜리 프로젝트를 진행하기도 했습니다. 하지만 살아 움직이는 데이터를 snap shot처럼 뜬어다가 쌓는 식이 된다면 한계에 부딪칠 수밖에 없습니다. 제아무리 AI가 분석을 한다고 해도 이미 죽은 데이터, 검증할 수 없는 데이터의 활용 가치는 매우 제한적입니다. 과거엔 데이터를 어떻게든 한 통에 모아서 분석한 후 이를 마케팅에 활용하려는 시도들이 많았지요. 고객정보가 바뀐다든지, 고객의 위치, 동선, 관심사처럼 타이밍이 중요한 데이터들을 이렇게 One Way 방식으로 끌어와서 분석하는 식으론 활용이 어렵겠지요. 파트 1에서 다룬 것처럼 데이터의 획득은 반드시 API와 같은 Two Way 방식으로, 최신의 데이터 자동 업데이트되는 구조가 필수적임을 우선 기억해 주시길 바랍니다.

그러면 잠재 고객에 대한 다양한 데이터에는 어떻게 연결하고, 말 그대로 어마어마한 양의 빅데이터 더미에서 누가 누구인지 어떻게 구별할 수 있을까요?

우리 주변에서 이런 것을 교묘하게 잘하고 있는 회사가 있습니다. 이런 걸 잘해서 떼돈을 버는 회사, 바로 구글입니다. 그러면, 지금 쓰고 계신 PC를 열어 구글이 나에 대해 얼마나 속속들이 파악하고 있는지 한 번 들여다볼까요?

구글의 크롬 브라우저를 열어, 맨 오른쪽 상단 구석을 보면 내 계정 아이콘을 찾을 수 있습니다.

여기서 'Google 계정 관리' 메뉴를 누르면, 아래 화면처럼 나오게 됩니다.

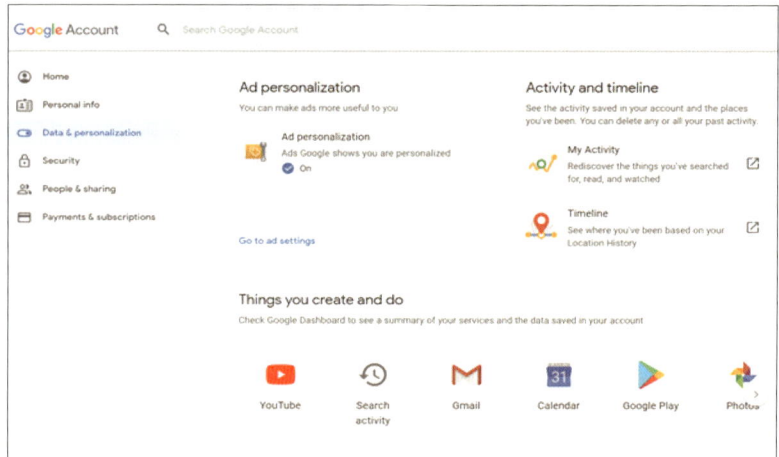

오른쪽 메뉴 중에 'Ad Personalization'이란 섹션을 클릭해서 들어가 보세요.

놀랍게도 필자와 관련된 정보들이 아래처럼 차곡차곡 쌓여 가고 있음을 알 수 있습니다.

구글은 필자가 45-54세 남자란 건 당연히 알고 있으면서, 결혼했고, 아이를 키우고 있는 상황임을 정확히 알고 있네요.

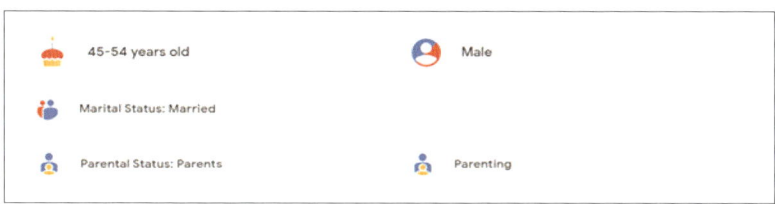

놀랍지 않은가요? 그런데 구글이 필자에게 이런 동의를 구한적이 과연 있었는지 기억이 안 나네요. 그리고 이런 식으로 필자의 개인 데이터가 쌓이고 업데이트되고 있었다니 말이죠. 이러니 필자가 인터넷을 브라우징할 때마다, 한쪽 구석에선 아이들 용품 광고가 알아서 따라다닌 거지요.

유튜브 동영상
구글이 알고있는 내 정보 파악하기

우리가 인터넷에 접속하려면 반드시 사용해야 하는 브라우저들은 왜 이렇게 사용자 정보를 모으는 걸까요? 이렇게 해야, 정확한 타깃에 맞춰 더 비싼 단가로 온라인 광고를 집행할 수 있고, 노출된 광고의 클릭 횟수(Click-thru)를 측정할 수 있어 최종적으로 구매 전환율까지 정확히 알 수 있기 때문입니다. 한마디로 돈이 되는 데이터이기 때문이죠.

2020년 4월 기준으로 구글의 크롬과 애플의 사파리는 전체 브라우저 사용량의 82.1%의 시장점유율을 기록했습니다. 크롬 사용자만 해도 사용자 중 열에 일곱은 쓰고 있으니, 인터넷 사용자들은 이미 구글이라는 부처님 손바닥에 훤히 노출된 신세입니다.

CHROME

63.7%
YOY: +1.8%

SAFARI

18.4%
YOY: +17%

FIREFOX

4.4%
YOY: -6.0%

SAMSUNG INTERNET

3.4%
YOY: +1.2%

UC BROWSER

2.0%
YOY: -42%

OPERA

1.6%
YOY: -40%

INTERNET EXPLORER

1.7%
YOY: -33%

OTHER

4.9%
YOY: -3.6%

한편, 코로나 팬데믹을 맞아 구글의 광고 매출은 늘었을까요? 구글이 발표한 2020년 2분기 실적에 따르면, 창사 이래 처음으로 분기 매출이 감소했다고 합니다. 중국의 구글이라고 할 수 있는 바이두는 전년 동기 대비 매출이 38%나 증가하고, 대부분의 온라인 사업자의 매출이 늘어나는 분위기인데 말이죠. 구글의 매출 감소가 시사하는 바를 알기 위해서는 우선 구글의 매출이 어떻게 구성되어 있는지를 살펴볼 필요가 있습니다. 구글은 매출의 90% 이상이 광고 매출이죠. 그런데 검색 광고 매출이 대폭 줄어들고 있습니다. 이는 전 세계적으로 이제는 사람들이 브라우저를 통해 검색하지 않고, 유튜브나 인스타그램 등 SNS 서비스로 넘어가고 있기 때문입니다. 정보를 획득하고 콘텐츠를 소비하는 방식이 이제는 '읽는다'가 아니라 '본다'는 행위로 넘어가고 있음을 방증하고 있습니다.

다음으로는 자사의 모든 웹사이트는 다양한 SNS ID로 회원 가입해서 즉시 로그인할 수 있도록 지원하는 것이 필요합니다. 페이스북, 구글, 네이버, 카카오 계정 등으로 처음 보는 사이트의 회원 가입을 대신할 수 있다는 점에는 실제로 회원 가입률을 대폭 끌어올리는 효과도 있습니다. 사용자 입장에서는 일일이 개인정보를 제공하기 불안하기도 하고 귀찮기도 한데 한 번의 클릭(One Click)으로 가입이 가능하다는 점에서 매우 편리하기 때문입니다. 또한, 유명 SNS 계정을 사용할 수 있다는 것은 해당 사이트에 대한 심리적 신뢰도를 높여 줌니다. 그런데 무엇보다 이렇게 소셜 계정을 이용해서 로그인하게 하면, 사용자의 정보를 해당 SNS에서 그대로 끌어올 수 있고, 고객이 해당 소셜 계정에서 업데이트한 내용은 API를 통해 자동으로 갱신되는 엄청난 이점이 있습니다. 지금은 연동되는 SNS 채널에서 가져올 수 있는 데이터의 종류가 한정적이고 고객의 동의를 추가로 구해야 하는 식으로 강화되고는 있지만, 다음과 같은 정보들이 고스란히 해당 웹사이트에 제공되는 것이 현실입니다.

SNS 채널별 Social Log-in 시 제공되는 고객 정보 리스트

	Facebook	Google	Twitter	Yahoo!	Linkedin	Myspace	Windows Live	AOL	PayPal	Salesforce
Email	✓	✓		✓			✓	✓	✓	✓
Name	✓	✓	✓	✓	✓	✓	✓	✓	✓	✓
Location	✓	✓		✓	✓			✓		✓
Birth Date	✓			✓	✓	✓	✓	✓	✓	
Gender	✓			✓			✓	✓		
Friends/Contacts	✓	✓	✓	✓	✓	✓				
Profile Photo	✓		✓	✓						✓
Interests	✓				✓	✓				
Social Sharing	✓		✓	✓	✓	✓				
Shipping Address									✓	

그러면 어떤 소셜 계정을 연동시키는 게 좋을까요? 필자는 많으면 많을수록 좋다고 봅니다. 특정 SNS 계정 하나만 연동하지 말고, 사용자가 원하는 대로 사용하는 모든 SNS 계정을 다 등록하게 하면, 사용자 입장에선 내가 무슨 계정으로 로그

인했더라 고민할 필요도 없어지고, 마케터 입장에선 연동되는 SNS 계정이 많아지면 많아질수록, 고객 프로파일링이 더 풍성하고 깊어지기 때문입니다.

필자가 HTC 대만 본사에서 Vive 가상현실 사업을 맡고 있을 때 실사례를 들어 보겠습니다. 알려진 대로 오큘러스에 비해 후발주자였던 Vive가 업계 전문가들의 예상을 깨고 단번에 가상현실 분야의 선두 주자로 치고 나갈 수 있었던 데는 Steam이라는 가상현실 최대의 게임유저 플랫폼과의 제휴를 들 수 있겠습니다. Vive의 글로벌 직판 쇼핑몰의 로그인 계정을 어떤 외부 계정과 연동하여 제공할지에 관해, 당시 경영진들의 이견이 많았습니다. 필자는 Steam의 계정으로 Vive 쇼핑몰에서 가입 및 Vive 콘텐츠 스토어도 사용하도록 하자고 밀어붙였습니다. 결과적으로 1억 명에 가까운 적극적인 사용자들(active user)을 보유한 Steam의 게이머들을 Vive 생태계로 바로 끌어오는 데 결정적인 역할을 했지요. 전략적으로 잘 선택한 SSO(Single Sign On)가 얼마나 중요한지 잘 보여주는 사례입니다.

모바일 퍼스트

PC와 모바일 중 왜 모바일에 주목해야 할까요? 도입부에 언급한 대로, 모바일은 고객이 한 번 로그인하면 사실상 로그인 상태를 유지하고 있기 때문에, 언제나 특정화된 고객의 행동 모니터링과 고객에게 반응하는 데 절대적으로 유리하기 때문입니다. 게다가 최신형 휴대폰에는 최대 28종의 각종 센서가 탑재돼 있어, 사용자의 행동, 주변의 상황 등을 다각도로 모니터링하고 추적할 수 있습니다. 이에 어플 개발을 염두하고 있다면 반드시 이런 센서들을 100% 활용해서 잠재 고객들의 가치 있는 행동을 이해하는 데 적극 활용할 필요가 있겠습니다.

　실례로, 럭셔리 브랜드의 오프라인 매장을 운영하는 'A 업체'는 구매액에 따른 포인트 적립이 가능한 어플을 고객들에 제공하고 있는데, 이를 활용해서 다음과 같은 대고객 서비스에도 적극 활용하고 있습니다.

　첫째로, VIP 고객과 진상 고객에 대한 사전고지 기능입니다. 매장 출입문과 몇몇 중요 포인트에 설치된 비콘(Beacon)이 이를 실행합니다. 특히 이 두 유형의 고객이 매장에 접근하면 매장 담당자에게 바로 고지가 날아가는 거지요. 해당 고객의 과거 대응 내역을 통해 클레임(claim)당했던 문제와 해결

현황을 알 수 있어, 해당 고객을 처음 대하는 매장 관리자라도 좀 더 준비된 상태로 접객할 수 있다는 이점이 있습니다.

유튜브 동영상
Retail 2020 | 5 Technologies that will change the way you shop

둘째로, 해당 어플을 사용중인 고객이 매장 내에서 어떤 동선으로 움직이고, 어떤 섹션에 관심을 가지는가에 대한 데이터가 자동으로 쌓이게 됩니다. 특히 중국에서 휴대폰 서비스에 가입해서 사용해 보신 분이라면, 어플 구동 시 배경(background)에서 무수히 많은 데이터를 추적해서 정보를 서버에 전송하느라, 쓰지도 않는 데이터가 금세 소진되고 배터리도 빨리 닳는 경험을 하셨을 겁니다.

유튜브 동영상
'How Luxury Retailers are using Augmented Reality'

유튜브 동영상
'SK Planet Seller Glass Concept'

    코로나19가 초래한 가장 큰 변화는 아마도 사람 간 비대면·비접촉을 이제는 사람들이 자발적으로 수용할 뿐 아니라, 코로나가 지나가도 이런 선호가 사라지기보단 기본이 되고, 오히려 더 확산될 것으로 많은 분들이 예상하고 있습니다. 기술적으로는 몇 년 전 이미 개발 완료된 다양한 언콘택트(uncontact) 디지털 솔루션들이 실험실을 벗어나 속속 상용화가 되고 있습니다. 비접촉 시대는 역설적이게도 Digitally connected, Digitally traceable 세상을 향해 가고 있어, 불특정 대중이란 더 이상 존재하기 어려운 세상입니다. 모바일에 탑재된 수많은 센서와 AI 기술로 더욱 스마트해진 CCTV가 무엇을 할 수 있는지를 중국 사회가 현실로 보여주고 있지요. 특히 더욱 스마트한 CCTV는 비콘(Beacon)과 같은 별도의 추적 장치(tracking device) 없이도 피사체의 동선, 각 포인트별 체류 시간 등을 정확하게 모니터링할 수 있는 장점이 있습니다. 다음의 비디오 클립을 보고 나면, 이런 상황이 이미 전 세계적으로 빠르게 확산되고 있음에 등골이 오싹해질지 모르지만 말입니다.

유튜브 동영상
How China tracks everyone

　이렇게 데이터를 마구 쌓는 게 고객 입장에서 무조건 불쾌할 일만은 아닙니다. 한국과 중국의 대표적인 택시 이용 어플을 한 번 살펴볼까요?

　한국에 카카오 택시가 있다면 중국에는 디디(DiDi)가 대표적인 1위 택시 어플 사업자입니다. 먼저, 두 어플을 설치한 후 해당 어플이 차지하는 용량부터가 엄청난 차이가 있음을 알 수 있습니다. 필자가 사용중인 iPhone 11 기준으로 디디 어플의 크기는 250mb인데, 해당 어플이 사용하는 기타 데이터는 무려 300mb나 됩니다. 카카오 택시 어플의 크기는 140mb로 어플 용량부터가 디디의 절반 수준으로 가볍습니다. 그리고 사용하는 데이터의 양은 2.2mb에 불과하지요. 이런 차이를 만드는 주된 이유는 물론 디디는 택시만 부르는 게 아니라 주문·배달도 시키고, 각종 공과금 납부도 가능한 온갖 기능들이 다 모인, 이른바 슈퍼 앱(Super App)이기 때문입니다. 이렇게 많은 데이터를 모아서 디디는 어디에 사용하는 걸까요? 일례로 필자가 중국에 거주하던 당시, 디디 어플로 택시를 부르게 되면, 필자의 행동 패턴에 따라, 최적의 장소로 택시 픽업 포인트를 자동으로 잡아 주는 것부터 참 신통했지요. 예를 들어, 아침 7시에 콜하면, 집에서 다소 멀더라도 주로 아파트 정문 쪽으로 가는 것을 알고 그쪽을 기준으로 픽업 포인트가 디폴트로 뜨게 됩니다. 또한, 아침 7시 30분이 넘어서 호출하면 교통 상황과 출입문까지의 거리를 감안해서, 아파트 후문쪽으로 픽업 포인트를 지정해 주는 식입니다. 특히 특정 픽업 포인트에서 현재 대기중인 고객의 숫자, 픽업 포인트에서 목적지까지 실시간 교통상황을 감안한 최적의 포인트를 추천하는데, 이렇게 쌓인 필자의 행동 데이터(behavioral data)와 상황별 데이터(contextual data)가 함께 활용되어 최적의 동선을 제공하는 것입니다. 필자의 특정 행동 패턴 데이터가 쌓일수록, 알아서 더 스마트하게 돌아가는 서비스를 보면 가히 '뜨아'할 지경입니다.

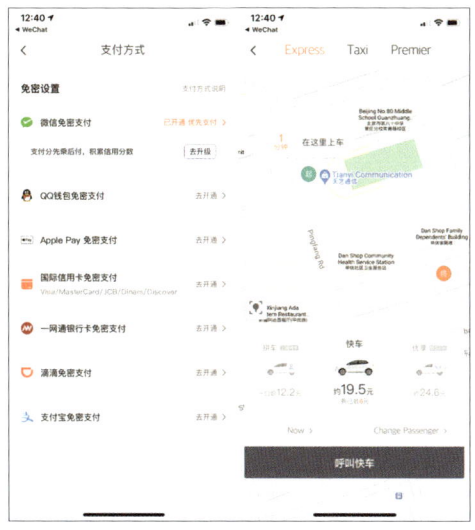

소셜 마케팅 자동화

필자가 IBM의 Global Electronics 섹터 리더로서 진행한 컨설팅 프로젝트들 가운데 가장 야심차게 진행한 프로젝트가 바로 소셜 마케팅화였습니다. 아직 AI 엔진이 완전하지 않은 시점에 너무 앞서간 콘셉트로, 실제 구현하는 데 무척 고생이 많았지만, 소셜 분석-실행까지 완전 자동화로 전 세계 시장을 대상으로 8개 언어로 야심 차게 전개했던 경험이 있습니다. 이 대목에 대해서는 좀 더 자세한 기술적 디테일을 함께 다뤄 보고자 합니다.

다음은 소셜 마케팅 자동화가 어떻게 돌아가야 하는가를 비즈니스 관점에서 그려 본 아키텍쳐(architecture)입니다.

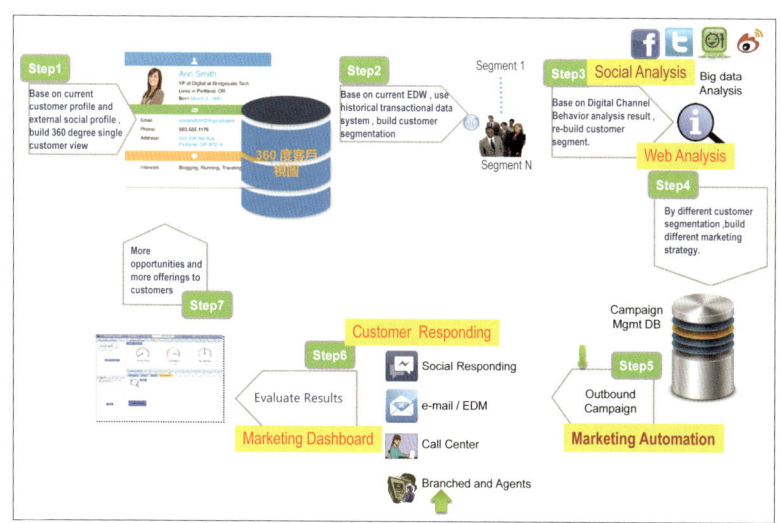

유튜브 동영상
필자가 대만 타이베이에서 진행한 국제 포럼의 발표 자료

각 단계별로 어떻게 전체 프로세스가 작동하는지 설명하자면 아래와 같습니다.

1단계는 360도로 고객 한 사람 한 사람이 회사의 각 고객 접점과 어떤 고객경험을 주고 있는지를 종합적으로 평가해 볼 수 있는 DB 구조를 설계하는 단계입니다. 콜센터, AS센터, 대리점, 판매 채널 등 회사의 다양한 고객 접점 포인트에서 고객 또는 잠재 고객의 고객 체험(customer experience)과 관련하여 어떤 내용을 취합할 것이고, 취합한 정보로 무엇을 할 것인가에 관해 행동 지향적인(action-oriented) 시나리오를 미리 기획해 두는 단계라 하겠습니다.

360도 고객 DB가 실제로 어떤 정보를 담고 있는지에 대한 이해를 돕기 위해 가상의 휴대폰 회사를 대상으로 360도 고객 DB를 구성한 사례를 보여드리겠습니다.

고객의 경험을 총체적으로 이해하므로, 해당 고객이 회사에 얼마나 중요한 고객인지, 브랜드 이탈 위험도는 얼마나 되는지를 정량화시킴으로, KPI(Key Performance Indicator) 기준에 따라 회사는 어떤 행동을 선제적으로 취할 수 있는 것입니다.

360 Customer Information

Basic Profiles from registration

Name	Jason Lee
E-mail	Company-kave@yahoo.com
Password	xxxxx xx
ZIP code	630552

Rich Profiles from Social Login

Current Job	IBM GBS consultant
Home Address	121, high drive, CA
Birth Date	03. 25. 1981
Facebook ID	Lululala

Social Tracker

- Company registered user since 03. 01. 2012
- Lifetime spent for Company : $8,350
- Company Loyalty score : 120
- Company Community : member
- Followers : 983
- Likes : 1,210
- Dislikes : 15
- Ummet needs : battery life is short.
- Risk of brand switch : 65%

Service Tracker

- Customer Service Log
  - eConcierge : activation from 04. 10. 2013
              FAQs clicks 13
  - eChat : battery complaint on 09. 01. 2013
  - Call center : extended warrantee inquiry on 10. 11. 2013
- eCommerce order status
  - Company Product A to be delivered in next day

<u>두 번째는 회사의 기존 고객 말고, 앞으로 획득해야 할 잠재 고객에 대한 정보를 파악할 수 있는 연결 고리들을 확보하는 단계입니다.</u>

앞서 설명한 대로 회사와 관련된 모든 사이트에 가능한 소셜 계정을 폭넓게 적용하여, 소셜 계정으로부터 고객정보를 끌어올 수 있는 체계를 미리부터 만들어 두는 것은 필수라 하겠습니다.

그리고 SNS 서비스별로 우리가 원하는 키워드가 포함된 언급들, 이것을 멘션(mention)이라고 부르는데, 이런 멘션들을 모조리 끌어와서(이것을 data crawling이라 지칭), 타깃 고객들이 우리가 관심있어 하는 키워드 주제에 대해 무슨 말들을 하는지, 어떤 감정을 느끼고 있는지 분석하는 작업(Social Analytics)이 필요합니다.

최근 들어 급속히 발전된 AI 엔진 적용으로, 해당 주제에 대한 멘션들이 긍정인지 부정의 뜻인지를 판정하는 정확도도 획기적으로 높아졌습니다.

```
  7)|]3566 9|7>(76) 973)(383 2)77]738 ]23>29]> (87762)6
  [9)3](0[2(44826()(36)9)83{(2|9)7)49[3)3(8]362(8|
  (>(4>347>2(7]42>]4476[)(8)29]8)83]223(7)[)>
  )(6>)9(9(6(337]8)5(67>>8
6)9>5)596]55[|)3
   {8>)9)>38795(38636)|)((>7(8)7>87[8(85(276776>82
  8667943(7)[99]([44>>[6]
     [(7(3375)3]27(74
     5)](0(8)
     52>>2)][
```

23jLWyR gfSxPgG6 RjGVPGfm
iuuSBp72 ucyPEe7C
snZQ7VYi
iWdP7MD
4S8x93Wd

Settings

6XD
:d
J_P
X{
BQJ
GBA
-d
kT
vW

> System
> Music
> Video
> Photo
> Business

35433277824475464245249929454287954576225 45778424
324663725649343949496575745268289 3

이를 감성 분석(Sentiment Analysis)이라고 합니다. 예를 들어 지난 한 주 동안 '설화수'라는 키워드에 대해, 각 소셜 네트워크 채널별로 언급된 멘션의 양이 2만 건이고, 이중에 페이스북이 1.5만 건, 인스타가 5천 건이라고 합시다. 이를 초 단위로까지 좁혀서 멘션 양이 어떻게 변화되는지 등을 살피는 것, 특히 해당 브랜드에서 특정 이벤트나 보도자료(Press release) 배포를 진행한 직후의 효과를 모니터링하는 데 도움이 됩니다. 또한 '설화수'가 포함된 멘션 등을 자동으로 주제별로 분류하자 대략 10여 가지 주제의 얘기들이 나오고 있고, 예를 들어 '피부 보습'이라는 주제로 80%가 부정적인 답을 하고 있다면, 이 부분에 대한 제품 개선, 마케팅 대응 등이 필요하다는 결론을 얻을 수 있겠습니다. 또한 '피부 보습'이라는 대주제하에 중분류, 소분류식으로 계속 서브 이슈들을 하위 단위로 파고들어 가는 것(Drill-down)이 가능하도록 대부분의 사회 분석 도구(social analytics tool)들이 기능을 제공하고 있어, 어떤 문제를 개선해야 하는지, 경쟁사의 경쟁 브랜드 대비 어떤 점이 강점이고 약점인가에 대한 상대 비교 평가가 가능하다는 점도 큰 도움이 됩니다.

다음으로는 1:1 타깃 마케팅을 위한 단계로, 이런 멘션들을 누가 했는지 소셜 ID로 매칭해서, 시나리오별로 미리 준비된 마케팅 메시지를 최적의 채널로 소통(communication)하는 단계라 하겠습니다. 회사가 운영하고 컨트롤하는 자사 미디어(owned media) 채널에서 기존 고객 외 정보는 매우 제한적일 뿐 아니라, 기존 고객이라도 그들이 회사와 브랜드에 대한 경험(customer experience)을 제대로 다 파악하기란 사실 불가능한 게 현실이죠. 그 어떤 회사의 홈페이지나 쇼핑몰에서도, 사람들은 개인적인 SNS상에서만큼, 자신의 속마음을 미주알고주알 털어놓지 않는 건 당연하니까요. 이런 점에서 회사나 브랜드와 관련한 모든 웹사이트, 어플의 계정을 SNS 계정으로 받아들이는 Social Log-in 작업은, 타깃 마케팅에 선행적으로 이뤄져야 하는 타깃 특정하기에 절대적으로 중요합니다. 특히 해당 소셜 계정을 통해 특정 고객에게, 또는 해당 고객의 SNS 친구를 통해 교묘하게 작업된 광고나 프로모션 메시지 등을 자동으로 보내는 리마케팅(remarketing)도 가능해질 수 있습니다.

마지막으로 타깃 마케팅의 성과를 자동으로 측정하고, 자동으로 개선시키는 과정이 되겠습니다.

회사와 브랜드가 고객과 만나는 모든 웹사이트, 페이스북, 인스타 등 SNS 공식 계정, 어플 등에는 최소한 Google

Analytics의 적용이 필요합니다. 이를 통해 사이트 방문자, 각 페이지별 체류 시간, 구매 전환율, 재방문율 등등의 중요 KPI 들을 자동으로 모니터링하고, 발견된 문제점에 따라 자동으로 사이트 개선이 이뤄지도록 구현할 수 있습니다. 최근 들어 자사 직영몰 도입이 많은 소비재 기업들에 빠르게 확산되고 있습니다. 더 많은 기업들이 이런 자동화된 분석, 그리고 분석 결과에 따른 자동화된 사이트 최적화 시스템을 도입하기를 바랍니다.

예를 들어, 특정 사이트를 처음 방문해서 보는 웹페이지가 만약 내가 회원 가입을 하고 나서 보는 페이지와 다른 게 없다면, 해당 사이트는 고객 유형별 자동 최적화 기능이 전혀 없다고 봐도 무방하겠지요. 특히 해당 사이트에서 구매도 하고 몇 번이나 방문했는데도 매번 같은 첫 화면, 제품 구성 등을 보여준다면 말입니다.

소셜 자동 분석 시스템은 경쟁사와 시장 트렌드가 어떻게 흘러가는지를 모니터링하는 중요한 수단이며, 자사의 위기 상황을 조기에 발견하고 대처할 수 있게 해 주는 조기 경보 시스템도 될 수가 있습니다.

특히 소셜 미디어상에 불거진 이슈를 경영진이 오판해서 잘못 대응하는 경우, 순식간에 걷잡을 수 없는 문제로 악화되고 회사가 파산하는 지경에까지 이르는 상황은 드물지 않게 일어납니다. 이에 조기에 문제를 발견하고, 대처할 수 있는 프로세스와 시스템의 정착이 갈수록 중요해지고 있습니다.

필자가 대만에 살고 있을 때, 한국 대기업의 지사에서 학생 아르바이트생을 대량 고용하여, 경쟁 대만 브랜드에 대한 악성 댓글을 쓰는 것을 온라인 마케팅으로 활용하여 큰 물의를 빚은 사례도 있습니다. 대만의 경우, 수많은 영세 케이블 방송사들이 매우 원색적인 폭로성 취재를 하는 편입니다. 그런데 한국 대기업의 온라인 마케팅이 이런 식이라니, 가뜩이나 한국에 대해 정서적으로 민감한 대만 국민들에게 오랫동안 여운이 남은 사건이 아닐 수 없었지요. 해당 사건은 소셜 이슈 자동 경보 시스템이 증거 자료까지 잡아낸 경우로, 브랜드나 대외홍보 관련 부서 담당자라면 특히 관심을 가지고 도입을 검토할 필요가 있겠습니다.

유튜브 동영상
교촌치킨 오너가 갑질 사건

오른쪽 사례는 필자가 해외 기업에 실제로 도입하여 운영한 소셜 핫이슈 자동 발견 및 조기 경보 시스템 구축 사례입니다.

오른쪽 그래프에서 보듯이, 이 시스템은 특정 주제가 키워드나 시간대별로 얼마나 이슈가 되고 있는지 추세 모니터링을 할 수 있습니다. 또한 어떤 단어에 사람들이 분노하고 좋아하는지 등 감성 분석(sentiment tracking)도 가능하게 되어 있습니다. 특히, 자사와 관련된 이슈에 대해 미리 설정된 기준에 따라, 문자, 이메일, 카카오톡 등으로 통보가 오도록 자동설정 해 둠으로써, 문제가 더 커지기 전에 경영진과 실무진들이 즉시 상황을 직시하고, 문제의 원인이 무엇인지 분석할 수 있도록 지원합니다.

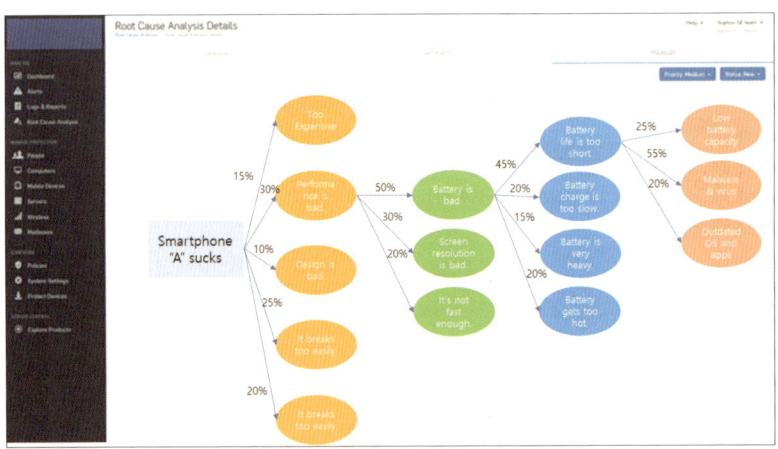

사례

月光이란 반도체 회사가 폐수방류로 사회 이슈가 된 사례, 회사 이름과 오염이란 키워드가 붉은색의 큰 글씨로 나타난 바, 소셜 네트워크상에서 부정적(Negative) 감정이 압도적으로 높다는 것을 알 수 있다.

	Objectives	Key Tasks	Required Features
Issue Detection	· Detect & analyze online risk	· Capture emerging subjects · Categorize and prioritize issues	· Language support · Data crawling channels · Fast data processing time · Frequent data update · Trend of hot words
EWS	· Aware of issue in time	· Real-time dashboard · Establish alerting system (dispatch and management)	· Sentiment analysis · Pre-defined alerting level and dispatching rules
Responding	· Engege in time & turn insights into action	· Define key influencers / dominant channels	· key influencer scoring mechanism · Sentiment analysls · Integration with responding tool
Tracking	· Measure & tracking issue solving performance	· Create monitoring dashboard · Track responding result	· Monitor dashboard to track before and after of responding result (volume, sentiment)

소셜 이슈에 대처하는 자동 조기 경보 시스템

Sentiment Distribution

Alert Criteria

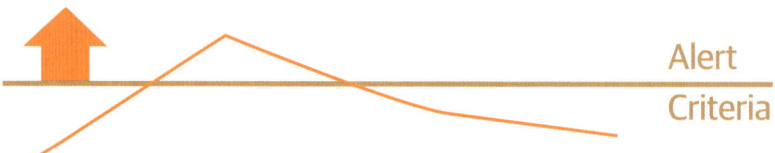

Sample of Alert Criteria

Channel Type	# mention	# share	Time
Social - Fackbook	>100	>1000	< 1hr
	>1000	>5000	< 2hrs
	>10000	>10000	<4hrs
Forum-Mobile 01	>100	>1000	< 1hr
	>1000	>5000	< 2hrs
	>10000	>10000	<4hrs

Level 1
Level 2
Level 3

Warning System

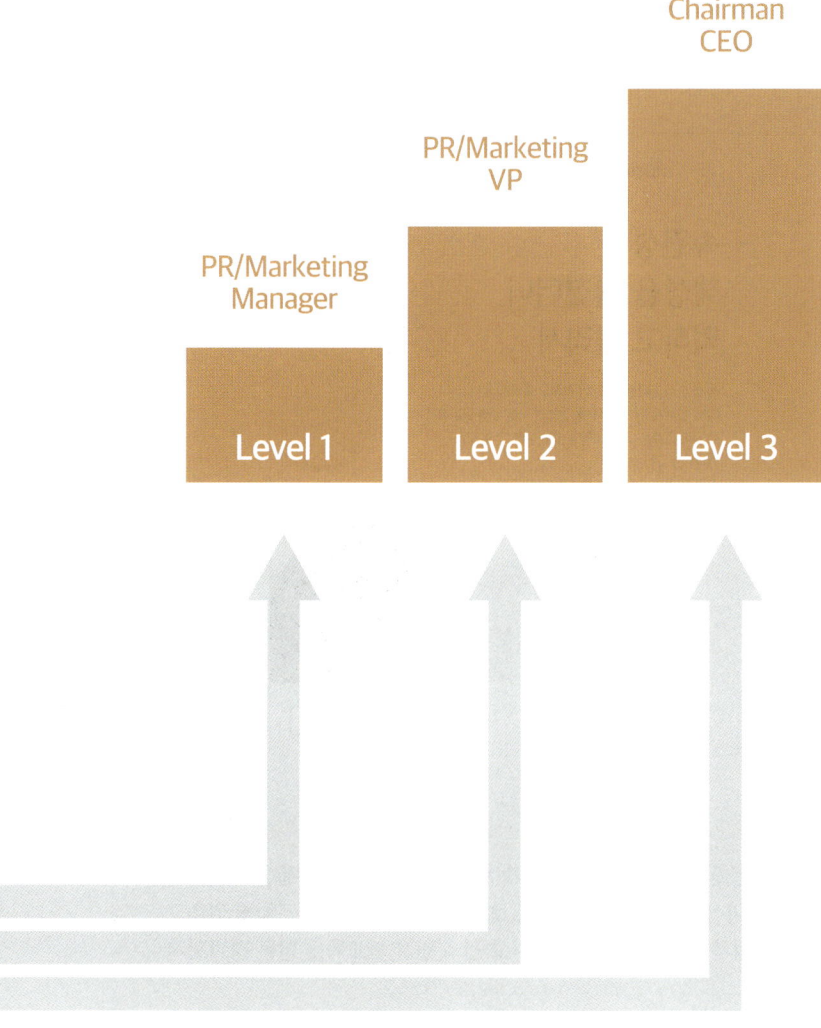

국내 기업들 중에도, 소셜 대응을 적절하고 신속히 처리하여 성과를 낸 사례들이 적지 않습니다. 그중에서도 2019년에 국내 11번째 기업가치 1조를 돌파하는 유니콘 기업으로 인정받은 무신사의 사례를 보겠습니다. 박종철 열사의 고문 치사 사건을 희화화 한 아래의 SNS 광고가 논란이 일자, 즉각적이고 진정성 있는 사과로, 사과의 정석이란 호평을 얻은 바 있습니다.

무신사 측은 당일 해당 콘텐츠를 삭제 처리했고, 다음날 사과문을 게시했다. 또한 사건이 일어난 지 10일 후에도 홈페이지에 직원 징계 조치를 알리고, 박종철기념사업회에 방문해 사과하고 전 직원 역사교육을 받은 경과까지 공개 출처 _ 미디어오늘 (www.mediatoday.co.kr)

SEO & SEM
(네이버 vs 구글 vs 바이두 vs 인스타 vs 페이스북)

사람들이 어떤 제품에 관심이 있거나 뭔가를 구매하고 싶어서 하게 되는 행동이 무엇일까요? 전통적으로는 구글링, 네이버링을 해서 검색을 해 보는 것이고, 좀 더 신세대라면 유튜브나 인스타를 뒤져 보겠지요. 그런데 검색을 하다 보면 어떤 회사나 브랜드는 첫 페이지 상단에 나오고, 어떤 경우는 몇 페이지를 클릭해야 겨우 끄트머리에 보일까 말까 하는 건 도대체 왜일까요? 무슨 기준으로 검색 결과의 우선순위가 정해지는 걸까요?

네이버가 지금의 대박 회사가 되는 데 일조한 것은 소위 키워드 광고입니다. 키워드 광고에서 해당 키워드를 검색한 사람들에게 광고주들의 웹페이지를 최우선으로 노출시키는 것은 기본입니다.

화장품 회사라면 '노화 방지', '주름 개선'처럼 타깃팅이 매우 넓습니다. 이에 화장품 회사가 누구나 원할만 한 이런 키워드 광고를 매일 한다면, 그 어떤 회사도 막대한 키워드 광고비를 감당하지 못하겠죠. 그리고 이제는 광고비 지출로 검색 상단에 노출되는 경우에는 'Ads'라는 꼬리표가 붙도록 규제되고 있고, 구글이나 네이버도 이미 이렇게 적용하고 있습니다.

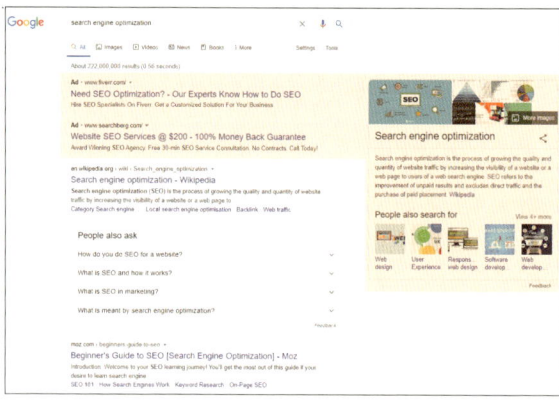

Paid search based on AdWords

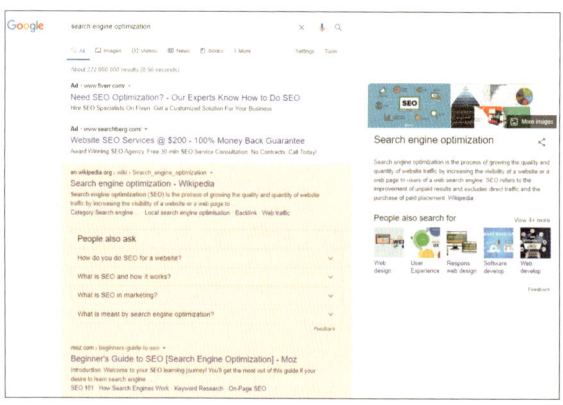

Organic search

그러면 구글 같은 서치 엔진들이 키워드 광고를 한 웹페이지를 제외하면 그 기준은 무엇일까요? 대체 어떤 기준으로 어떤 사이트를 먼저, 어떤 사이트를 나중에 노출시키는 것일까요?

그 답으로 구글 검색 엔진이 어떻게 작동하는지 키워드 중심으로 핵심만 정리해 보았습니다.

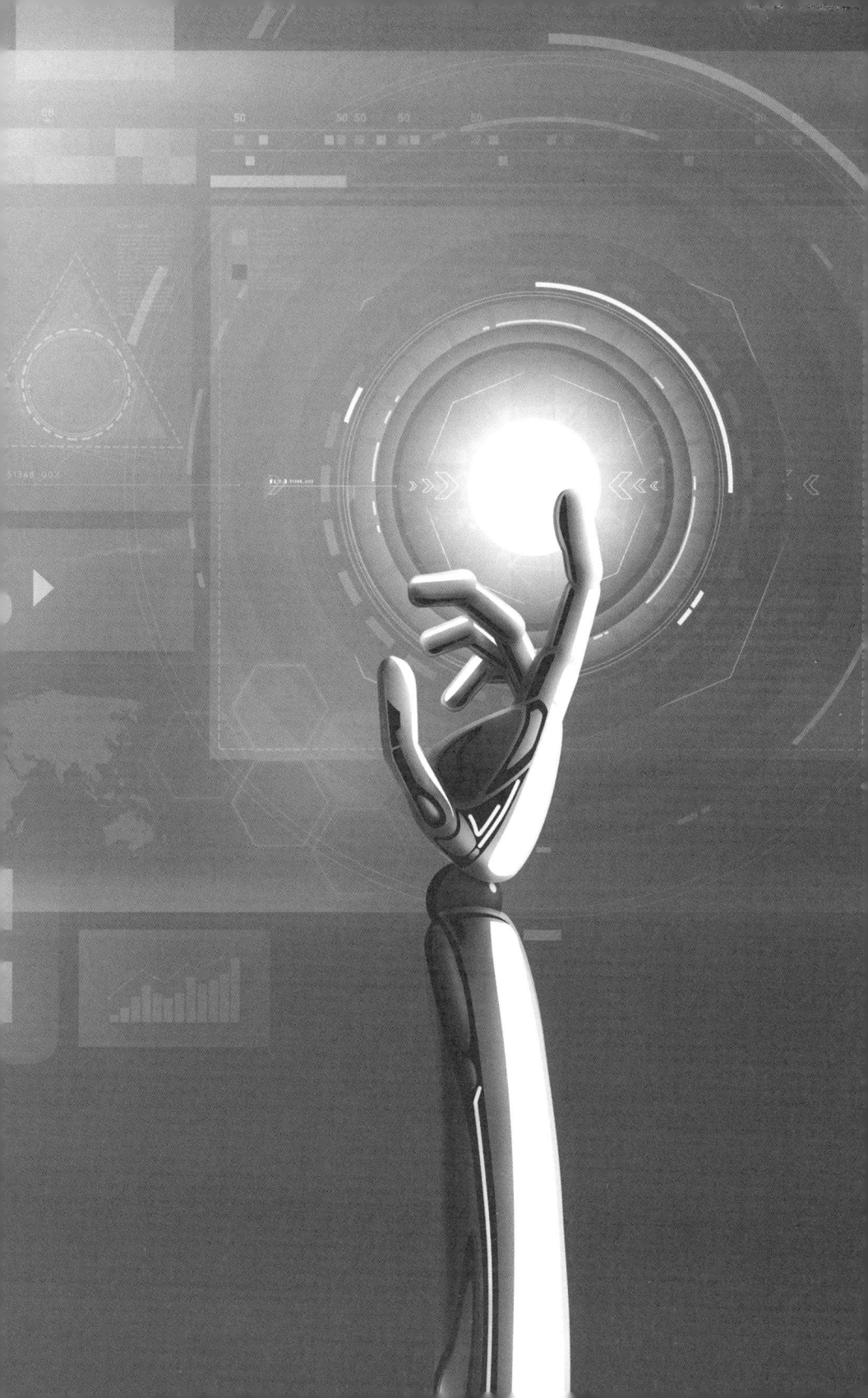

우선 중요한 몇 가지만 자세히 살펴보겠습니다.

첫째로, '난 프로그래머도 아니고 IT 담당자도 아닌데, 마케터인 내가, 브랜드 담당자인 내가, 심지어 나는 홍보 담당자인데 이런 걸 왜 알아야 돼?'라고 생각하실 수 있겠습니다. 검색에 의해 고객이 자발적으로 해당 사이트에 방문하게 하는 오가닉 트래픽(Organic Traffic)의 극대화야 말로 브랜드 생존의 기본 전제라고 하겠지요. 그런데 검색 시 우리 사이트가 먼저 검색되게 하는 것은, 프로그래머가 개선할 수 있는 부분이 매우 제한적입니다. 그래서 이 부분을 마케터가 신경써야 하는 겁니다. 그러니 나랑은 상관없어 하기 전에 주목해 주시길 바랍니다.

둘째로, 특히 마케터라면 각종 온라인 매체에 홍보 자료를 배포하기 전에 꼭 회사와 브랜드와 관련된 단어에 반드시 링크(web link)를 걸어서 배포하시길 바랍니다. 해당 기사나 블로그를 읽는 독자들은 굳이 그 브랜드, 그 제품을 다시 입력해서 검색하는 수고를 하고 싶어 하지 않을 뿐 아니라, 그렇게 검색한다고 해서 우리 사이트의 노출도가 올라가지는 않습니다. 예를 들어 볼까요? 우리 회사가 서울대학교와 공동으로 '유기농 천연 재료로 고기능성 화장품'을 개발해서 여러 대학의 대학생들이 참여하는 벤처까지 만들었다고 합시다. 많은 예산과 노력으로 홍보 마케팅에 돈을 쓰기 전에, 우선 서울대학교 홈페이지나 대학생들이 사용하는 에브리타임 어플에 자연스럽게 해당 내용을 공지처럼 링크를 올리면 어떨까요? 구글은 서울대학교처럼 대표적인 교육 기관에 링크된 사이트를 그렇지 않은 사이트보다 훨씬 더 중요한 사이트라고 인식합니다. 에브리타임처럼 2020년 6월 현재, 무려 446만 명의 인증된 대학생들이 가입돼 있는 사이트를 통해, 링크를 눌러 자사 웹사이트로 유입되면 될수록 우리 사이트의 노출도는 점점 더 최우선이 되는 것입니다.

예를 들어, 다음 장에 제시된 그래프는 필자가 실제로 글로벌로 집행했던 어떤 마케팅 캠페인의 성과를 Google Analytics로 측정한 결과물의 요약표입니다.

Click Through Rate & Cost

Clicks	CTR	Impressions
30.1K	**0.5%**	**6.3M**
↑ 0.9%	↓ -2.7%	↑ 3.7%

Conversion Rate & Cost

Conversions	Conv. rate	Cost / conv.
324	**1.1%**	**$23.9**
↓ -18.8%	↑ 168.4%	↓ -43.3%

Cost Per Click

Cost	Avg. CPC	Avg. CPM
$7.7K	**$0.3**	**$1.2**
↓ -54.0%	↓ -54.4%	↓ -55.6%

Top Campaigns

Campaign	CTR	Avg. CPC	Cost/conv.
Search | Trademark	20.57%	$0.19	$42.77
Rest | Search | Trademark	8.56%	$0.13	$8.28
2016 Q1 TW Search	7.42%	$0.04	$10.54
US | Search | Trademark	4.30%	$0.18	$6.54
DE | Search | Trademark	2.85%	$0.10	$6.15
FR | Search | Trademark	2.43%	$0.12	$0.00
US | Search | Titles	2.27%	$0.84	$0.00
UK | Search | Trademark	1.83%	$0.09	$3.27

Device Breakdown

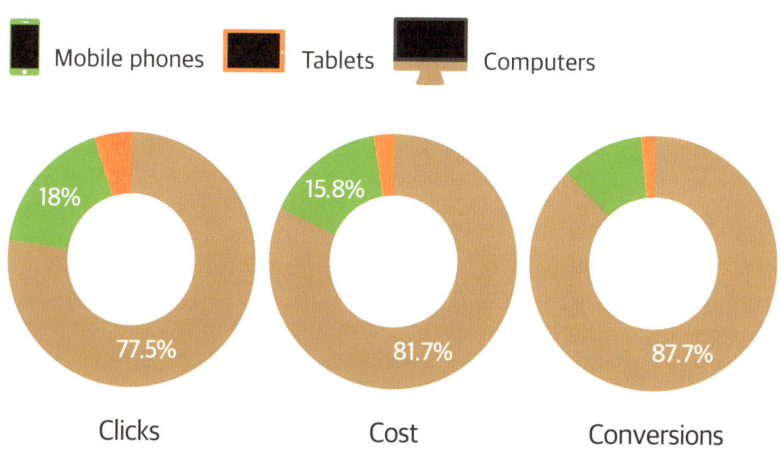

당시 필자가 맡았던 가상현실 기기 사업부의 사례를 들어 SEO(Search Engine Optimization)가 얼마나 중요한지 살펴보겠습니다. 출시 당시 해당 기기 한대 값이 대략 한화 130만 원 정도 였고, 여기에 다시 최소 100만 원 이상하는 하이엔드 그래픽 카드를 갖춘 하이엔트 데스크탑 PC가 필요한데, 이게 PC 본체 가격만도 최소한 200만 원대로, 둘의 가격을 합치면 최소 350만 원대의 투자를 해야 갖출 수 있는 시스템입니다. 그런데 여기서 거둘 수 있는 가상기기 사업부의 하드웨어 제조사 마진은 다 합쳐서 채 5만 원도 안되는 게 현실이었죠.

당시 가상현실 기기는 없어서 못 파는 수준으로 인기가 폭발이었는데, 그럼에도 여러 캠페인을 실행한 결과는 어떻게 해도 키워드 광고를 집행해서, 쇼핑몰로 오도록 하는 SEM(Search Engine Marketing) 방식만으로는 절대 이익을 낼 수 없다는 것을 명확히 알 수 있습니다.

위에 나열된 가장 성과가 좋았던 Top 8 웹 광고 실적을 보면, CTR(Click thru rate)가 노출 광고 10번당 2건의 마우스 클릭이 발생할 만큼 높은 클릭률을 달성했으나, 실제 구매로까지 이어지는 데 들어간 광고 비용, 즉 CPC(Cost per conversion)가 $42.77불이나 소요되었음을 알 수 있습니다. 그나마 독점적인 제품을 독점적으로 판매하는 경우에도 이렇게 광고 비용 대비 효율이 안 나오니, 너나 없이 팔고 있는 제품을 경쟁하는 유통상이라면 절대 SEM으로는 수익을 낼 수 없는 것이 현실입니다. 그러면 어떻게 쇼핑몰이 수익을 낼 수 있었을까요? 바로 돈 안 드는 고객 유입 방식, 즉 SEO를 통해 해당 사업부는 흑자를 이룰 수 있었습니다.

그러면, 가상의 사례를 통해 적정 광고비를 산출해 보는 연습을 해 보겠습니다.

먼저 내가 온라인몰을 통해 판매하는 제품의 실판매가 대비 나의 영업이익률이 얼마일지를 산출합니다. 판매가야 내가 정하는 금액이지만, 해당 온라인몰을 통해 판매하는 데 들어가는 모든 비용을 제대로 산출해 내기는 생각보다 간단치 않습니다. 비용에는 제품 원가에 각종 판관비를 더해야 합니다. 물론 이때 온라인 광고비는 제외하고 계산해야 하겠지요. 여기에 세금 문제도 간과하지 말아야 합니다. 법인세는 전년도 기준, 또는 올해 매출 목표를 예상해서 법인세율 만큼 비용으로 감안해야 합니다. 더불어 B2C(Business to Consumer) 몰의 경우, 소비자 판매가에 일반적으로 이미 부가세가 포함돼 있으므로 부가세는 판매자가 부담하게 되니 이 부분도 간과하기 쉽습니다.

온라인 판매 시 나의 총 비용 =
제품원가(매입가) + 판관비(온라인 광고비 제외) + 법인세 + 부가세 등

다음과 같이 판매가가 2만 원이고, 총비용(온라인 광고비 제외)이 1.5만 원이라면, 나의 영업이익률이 25%가 됩니다.

판매가	총비용 (온라인 광고비 제외)	영업이익	영업이익률
₩ 20,000	₩ 15,000	₩ 5,000	25%

온라인 광고를 통해, 클릭 수 50개 발생 시 실제 구매 성사로 이어지는 경우가 1건이라면, CPC 단가가 100원을 넘기거나 ROAS(Return on ad spend)가 400%가 안 되면 팔수록 손해를 보는 구조가 됩니다.

적정 CPC 단가 구하기				
CPC 단가	₩ 100			
클릭수	50	매출액(구매완료수*판매가)	₩	20,000
광고비용	₩ 5,000	영업이익(매출*영업이익률)	₩	5,000
전환수	1	영업이익-광고비용	₩	-
전환율	2.0%	ROAS(매출/광고비용)		400%

셋째로 모바일이 우선시되는 시대인 만큼, 모바일에서도 우리 사이트가 모바일에 최적화돼서 보이는지 확인해야 합니다. 즉, 사이트 로딩 속도(site loading speed)가 충분히 빠른지도 구글이 검색 순위를 결정하는 데 매우 중요한 요소입니다. 얼마 전 디즈니가 홈페이지에 너무 화려한 애니메이션을 무조건 우선 자동 플레이하도록 띄우는 바람에 구글 검색에 해당 사이트가 거의 잡히지도 않는 문제가 있었습니다. 해당 사이트를 모바일에서 연다면, 동영상을 플레이하느라 사이트 로딩 속도 문제는 더욱 두드러질 것이죠. 서치 엔진은 이런 무거운 애니메이션 비디오 사용을 싫어합니다. 여전히 충분히 스마트하지 않은 서치 엔진 입장에서 해당 사이트와 중요 페

이지들이 무슨 내용인지 설명해 주는 메타 디스크립션(meta description)이 있는 경우와 없는 경우도 서치 결과에서 전혀 다른 검색 결과를 보여 줍니다. IT 담당자 입장에서 브랜드를 대표하는 메타 디스크립션 콘텐츠(meta description content)를 알아서 채우라는 건 버거운 일이기에, SEO 작업은 IT와 마케터가 협력해야 하는 영역입니다.

Meta Description

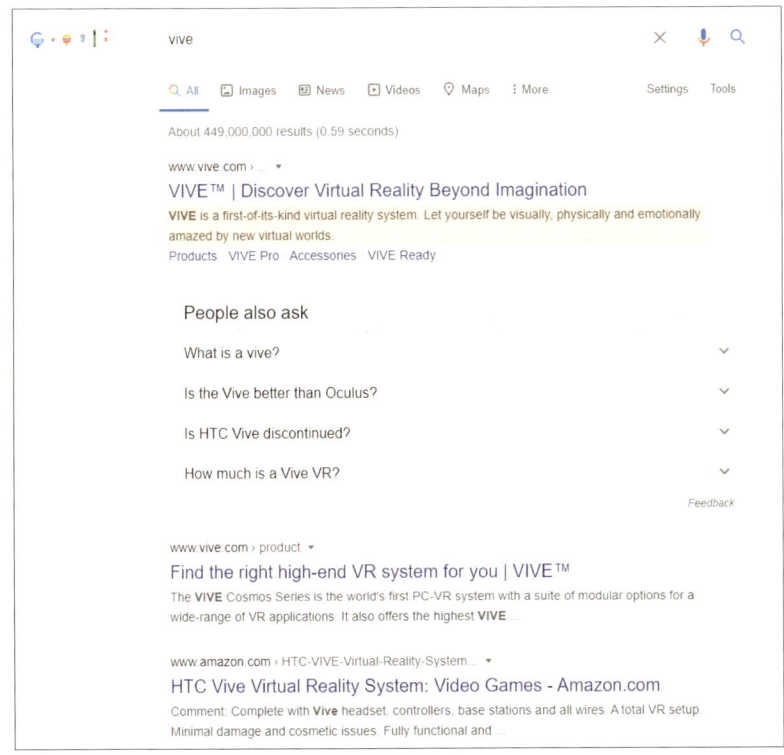

디지털 트랜스포메이션 이해와 마케팅 혁신

SEO: 구글 vs. 바이두의 차이점

한편 중국의 1위 검색 엔진, 바이두(Baidu)는 구글 중국어판과 어떻게 다른 검색 엔진이 구동될까요?

바이두는 아래 표에서 볼 수 있듯이 글로벌의 구글, 한국의 네이버라 할 만큼 중국의 압도적인 1위 검색 엔진입니다.

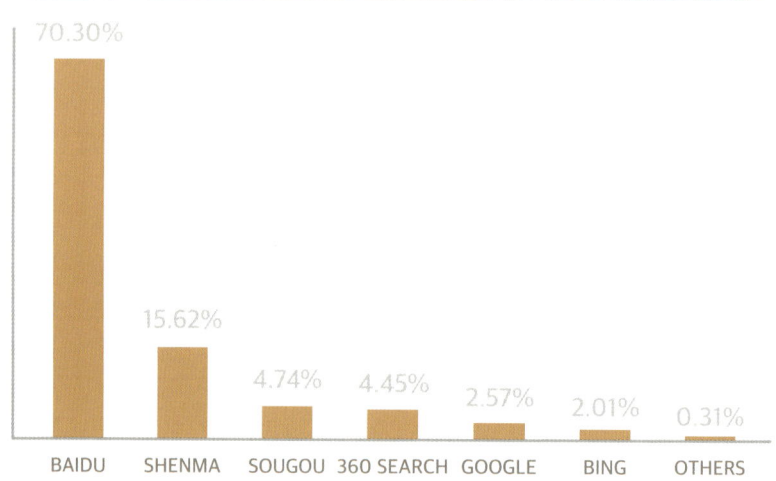

구글에 비해 바이두 SEO가 어떻게 작동하는지 기본으로 알아둘 10가지만 설명하자면 다음과 같습니다.

1. 바이두는 중국 간체자 검색을 위한 사이트이니, 당연히 다른 언어에 대한 SEO 능력은 떨어집니다. 영어로 된 자료 검색 능력은 최근 들어 괄목할 만큼 향상되었으나, 예를 들어 한국어로 검색해 보면, 전혀 엉뚱한 결과를 내놓기 일수지요. 마찬가지로 네이버에서 중국어로 된 검색어를 입력하면 비슷한 한계를 경험합니다. 바이두가 중국어, 그중에서도 간체자로 된 콘텐츠에 가장 적합한 검색 엔진이니, 이 부분에 집중하는 용도로 사용함이 바람직하겠지요.

2. 잘 알려진 대로, 중국은 많은 해외 사이트의 접속을 아예 차단하거나, 접속이 어렵게 하고 있습니다. 예를 들어, 중국에서도 베이징에서 네이버 창을 하나 열려면 10여 분이나 소요될 때도 있고, 카카오톡 또한 종종 먹통이 됩니다. 페이지 로딩 속도(Page loading speed)는 검색 엔진이 해당 사이트의 품질을 평가하는 중요한 기본 평가 항목 중 하나이므로, 페이지 로딩(page loading)이 안되거나, 너무 느린 해외 사이트들은 구글처럼 바이두에서도 검색이 아예 안되거나 가장 마지막 페이지에 검색 결과를 보여주게 되지요. 예를 들어, 한국 화장품 업체가 회사 홈페이지에 중국어 버전을 추가하여 중국에서도 중국 사용자들이 해당 사이트를 방문해서 보기를 원한

다면, 해당 사이트의 호스팅(Hosting)을 중국 안의 업체를 통해 하는 것이 필수적이라고 하겠습니다.

3. 바이두의 백과사전에 자사와 브랜드, 제품 정보를 반드시 등록하는 게 좋습니다. 바이두 백과사전은 등록만 해 두면, 검색 시 기본으로 맨 먼저 그 정보를 제공합니다. 그러니까 공짜로 광고한 것과 동일한 효과를 거둘 수 있지요.

• 일본 JVC 브랜드가 바이두 백과사전에 등록한 사례 •

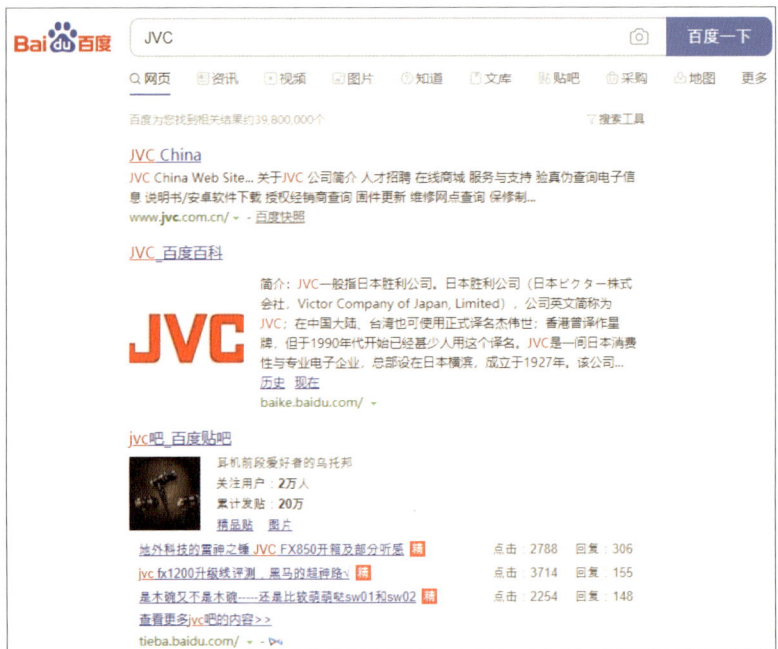

4. 홈페이지의 메뉴 구조가 논리적으로 명확히 구분되어 정리돼 있고, 사이트맵이 별도 페이지로 제공되는 웹사이트에 대해, 바이두도 구글과 마찬가지로 해당 사이트 내용을 더 잘 이해하고 이에 따라 더 나은 검색 결과를 보여줄 수 있습니다.

5. 웹페이지마다 해당 페이지가 무슨 내용인지 설명하는 제목을 꼭 다는 게 좋습니다. 검색 엔진은 아직 그렇게 스마트하지 않아서 이런 제목과 설명이 주석처럼 달린 페이지를 더 잘 이해하고 검색 상단에 노출해 줍니다.

6. 바이두가 해당 사이트의 내용을 이해하는 데 사용하는 스파이더(Spider)라는 도구(Tool)가 있는데, 스파이더의 규칙에 맞게 사이트 구조와 콘텐츠를 구성하도록 하는 게 좋습니다. 예를 들어, 많은 사이트들이 기교를 부린답시고 iframe 같은 구조를 넣어서 사이트의 애니메이션이나 기능을 호화롭게 만들지요. iframe은 인터넷 페이지 안의 고정된 페이지를 만들어, 그 안에 다른 기능이 구동되거나, 심지어 다른 url의 콘텐츠를 보여주는 식에 많이 사용합니다. 이 기능을 사용하면, 바이두 엔진은 이런 페이지 내용을 이해할 수 없어, 검색 값에서 무시하게 되는 위험이 있습니다.

7. 웹페이지의 제목과 내용의 불일치는 없는지 지속적으로 점검하고 관리해야 합니다. 웹사이트의 내용이 빈번하게 업데이트되다 보면, 해당 웹페이지의 내용과 제목이 서로 매칭이 안되는 경우도 종종 발생하지요. 이런 페이지는 당연히 바이두 검색에서 제외됩니다.

8. 바이두는 여전히 텍스트(text) 기반으로 작동합니다. 이미지 검색, 동영상 검색이란 것도 결국은 해당 콘텐츠의 내용을 설명하는 각종 #(hash tag)에 의한 것으로, 자사몰에서 정말 중요한 내용은 반드시 텍스트값이 존재하도록 사이트 콘텐츠를 구성하는 게 좋습니다. 예를 들어, 홈페이지를 화려하고 재밌게 한답시고, 해당 웹사이트 방문 시 무조건 어떤 짧은 동영상이 자동 플레이되도록 했다고 가정해 봅시다. 이미 설명 드린 대로, 바이두는 이런 홈페이지를 검색에서 무조건 제외하게 됩니다.

9. 각 페이지의 url를 논리적으로 일관되게, 그리고 가능한 짧고 간결하게 생성합니다.

A structured, concise URL

Messy URL is not preferred

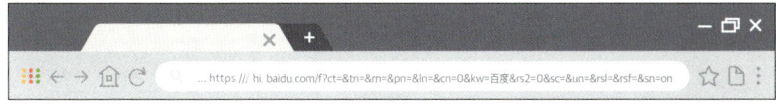

10. 바이두가 제공하는 전용 웹마스터 툴을 사용합니다. 구글 SEO를 위해 구글이 Google Search Console을 제공한다면, 바이두는 Baidu webmaster tool을 제공하고 있습니다.

SEO 관점에서 잘못한 사례

화면의 20% 이상을 점유하는 광고, 과도한 팝업 광고 페이지, 추가적으로 콘텐츠를 다운로드하도록 유도하는 페이지 등은 모두 바이두 검색 엔진이 싫어하는 전형적인 유형입니다.

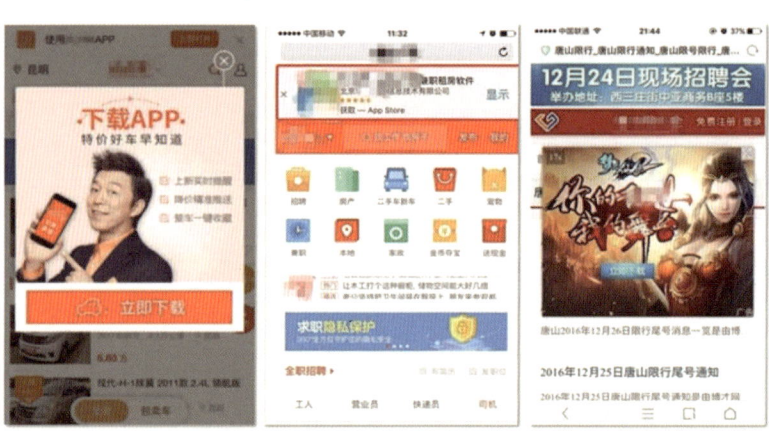

참고로 자사 웹사이트, 직영몰, 어플의 SEO 수준이 어떠한지, 그리고 무엇을 어떻게 고쳐야 얼마나 향상시킬 수 있을지 등을 서비스로 제공하는 스타트업들도 많이 존재합니다. 다음은 필자가 함께 일해 본 미국, 유럽 기반 SEO 진단 회사들 사례입니다. 매우 저렴한 비용으로 자동화된 툴을 이용하여 즉석에서 자사의 SEO 수준을 진단하고, 개선해야 할 각종 문제점을 찾아서 수정까지 해 주는 서비스도 제공하고 있어 참고할만 합니다.

자사의 SEO 수준 진단 및 개선 솔루션 소개

	BRIGHTEDGE	conductor	searchmetrics
Link Management			
Backlink Management	✓	✗	✓
Link Amalysis	✓	✗	✓
Link Anchor Text	✗	✗	✓
Site optimization			
Analytics	✓	✓	✗
SEO recommendations	✓	✓	✗
PageRankAnalysis	✓	✓	✓
Keyword Research			
Keyword Market Analysis	✓	✗	✗
Keyword Performance	✓	✓	✓
Keyword Suggestions	✓	✓	✓

	BRIGHTEDGE	conductor	searchmetrics
Reports			
Keyword report	✓	✓	✗
Competitive Analysis report	✓	✓	✗
Backlinks report	✓	✓	✗
Competitor Analysis			
Competitor Backlink Analysis	✓	✗	✓
Competitor Link Metrics	✗	✓	✗
Competitor Rarking	✓	✗	✓
Domain Comparison	✓	✗	✓
Competitor Keyword Analysis	✓	✓	✓
Google	✓	✓	✗
Google Adwords	✗	✗	✓

한편, SEM은 어떻게 해야 효율을 높일 수 있을까요?

SEM은 한마디로 특정 키워드를 선택해서, 해당 키워드로 검색이 이뤄졌을 때, 매검색 결과당 비용을 내고 자사의 광고가 집행되는 온라인 광고입니다.

키워드가 너무 포괄적이고 일반적일수록 타깃팅도 안되고, 불필요하게 막대한 광고비가 낭비될 수 있습니다. 그러나 너무 지협적인 키워드는 트래픽이 발생하지 않아 이 또한 무용지물일 수 있습니다. 따라서, 적정선에서 이를 판단해야 합니다. 이때 이를 정량화된 도구로 어떤 키워드를 사용하는 게 좋을지 추천하고 결과치를 시뮬레이션해 볼 수 있는 서비스가 보편화되고 있습니다.

특히, 중장기적으로 어떤 키워드로 시작해서 자사의 소비자 인지도(mind share)를 넓혀갈지 기획하는 것은 이미 브랜드 담당자의 기본적인 책무 중의 하나가 되었다고 할 수 있겠습니다.

가상현실 기기 사업에서 SEM 키워드 플래닝 사례

Market Size

Phase 1
HTC
vive
Steam VR
HTC vive

Phase 2
vr games
virtual reality games
vr gaming
viveport

Phase 3
Virtual Reality System
vr pc bundling
vr equipment
gaming virtual reality
virtual game headset

Phase 4
VR
Virtual Reality

Short Term → Long Term

키워드 플래닝 서비스는 수많은 스타트업들이 저마다 새로운 차별화 요소를 가지고 난립하고 있는 시장이라, 많은 관심을 가지고 지속적으로 새로운 혁신이 무엇인지 들여다볼 필요가 있겠습니다.

아래는 필자도 사용해 본 서비스 중의 한 사례입니다.

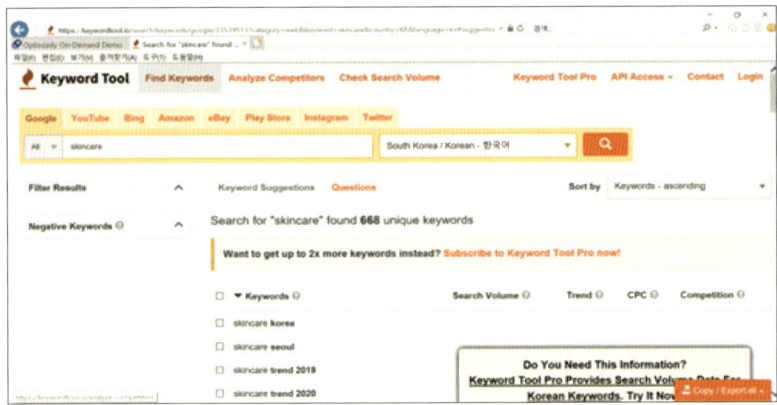

중국 이커머스가 주도하는
3大 혁신 트렌드

마지막으로, 우리가 참고할 만한 중국 이커머스 혁신 사례를 소개하고자 합니다.

01 숏확행 라이브 커머스

유튜브의 가장 강력한 대항마로 떠오르고 있는 중국의 틱톡, 틱톡은 전 세계적으로 숏확행 트렌드를 확산시킨 장본인이지요. 숏확행, '짧아서 확실한 행복'이라는 틱톡과 숏확행이 왜 대세가 됐을까요?

먼저 제작자의 입장에서 생각해 보겠습니다. 너도 나도 아무나 유튜브를 하는 세상이라지만, 평균 길이 10~15분에 달하는 유튜브를 제작하려면, 기획, 스크립트, 촬영, 편집, 수정, 재반복 등등을 거쳐야 합니다. 이처럼 굉장히 많은 노력과 시간, 만만치 않은 비용이 수반됩니다. 이 고생을 하고도 돈 버는 영상을 제작하는 것은 대다수의 아마츄어 대중에게 있어서는 진입 장벽이 갈수록 높아지고 있는 게 현실이지요.

이에 비해 틱톡은 고작 10~15초짜리 영상입니다. 촬영과 편집 모두 스마트폰 어플 안에 내장된 좋은 필터와 기능들로 충분하지요. 한마디로 스마트폰만 있으면 아무나, 아무렇게나, 언제든, 막 찍어서 공유할 수 있다는 점에서 틱톡은 누구나 크리에이터가 될 수 있게 해 주는 플랫폼이라 하겠습니다.

둘째로 유튜브는 구독자가 적어도 500명은 넘어야 라이브 (Live) 기능을 쓸 수 있고, 최소 천명 이상의 구독자가 있어야 광고를 붙여서 수익을 낼 수 있습니다. 이에 반해, 틱톡은 크리에이터들이 좀 더 쉽게 돈을 벌게 해 줍니다. 하나는 아프리카 TV처럼 시청자가 별풍선을 쏘는 방식이지요. 유튜브는 TV처럼 수동적으로 시청하는 게 기본 모드라면, 틱톡은 능동적인 참여형 방식이라서 시청자 입장에서도 더 강한 몰입감을 경험할 수 있지요.

그리고 가장 중요한 차이가 틱톡 안에 있는 쇼핑몰 기능입니다. 중국은 이커머스가 곧 모바일 쇼핑이고, PC에서 구매해도 결국은 모바일로 다시 돌아와서 결제해야 하는 모바일 중심으로 이커머스가 발전한 나라지요. 그러다 보니, 웬만한 모바일 어플은 사용자 참여형 채팅창은 기본이고, 이 안에서 자연스레 모바일 쇼핑이 연동되기 손쉬운 환경입니다.

결과적으로 아무나 쉽게 참여해서, 시청자가 단 1명이라도 돈을 벌 수 있는 라이브 커머스는 한국 시장에도 빠르게 확산 될 것으로 기대됩니다. 중국의 경우, 내국인에 한해 그것도 중국 내 시청의 경우에 한해서만 커머스 기능을 허용하고 있습니다. 이에 틱톡이 글로벌 버전에 이 기능까지 확산하기 전에 우리가 먼저 도입해야겠습니다.

유튜브 동영상
틱톡(도우인)으로 돈 버는 방법

전통적인 이커머스 플랫폼들도 당연히 이런 라이브 커머스 기능을 속속 도입하고 있습니다. 다음은 타오바오의 관련 사례를 스크린샷과 함께 설명한 내용입니다.

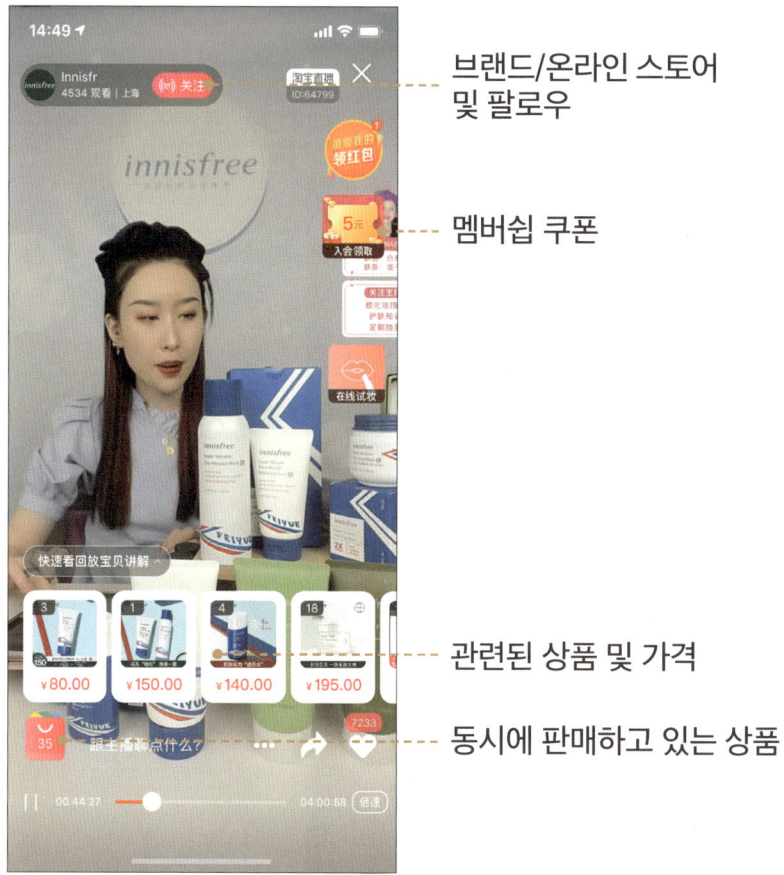

02 오프라인 매장의 온라인 연계

오프라인 매장도 이제 소비자를 직접 찾아가는 세상입니다. 코로나 사태로 소비자가 매장에 못 오니, 매장이 소비자를 찾아가야 하는 상황이 됐습니다. 생방송 커머스 플랫폼 확산으로, 매장 직원들도 이제는 전문 쇼 호스트의 역할 수행이 요구되고 있습니다.

중국의 경우, 특히 온라인상에서 벌어지는 다양한 신뢰의 문제로 인해 일찌감치 오프라인 매장에서 실시간 스트리밍으로 주문을 받고, 그 자리에서 포장해서 배송해 주는 서비스가 빠르게 자리를 잡고 있습니다.

유튜브 동영상
How to Livestream to Chinese Consumers

03 모바일 SNS를 통한 다단계 판매 방식 확산

전 세계에서 가장 성공한 다단계 판매 플랫폼은 무엇일까요? 그것은 한국의 카카오톡이나 라인처럼 모바일 메신저 서비스인 위챗입니다. 위챗을 통해 개인 간 직접 판매되는 거래액은 사실상 과세 당국에 집계되지 않으니, 세금은 물론이고 심지어는 거래 수수료도 없는 판매 채널이지요. 이러다 보니, 위챗을 통해 다양한 다단계 판매 방식이 마케팅 프로모션의 이름으로 확산되고 있고, 한국 시장에 도입은 초읽기라 하겠습니다. 위챗을 통한 인적 네트워크 판매 방식은 나로부터 창출된 매출의 보상을 받는 데 사실상 아무런 한도가 없었습니다. 그러나 중국 내에서 이제는 최대 9단계까지만 합법적으로 인정하고 있습니다. 위챗에 연동시킨 다단계 판매 플랫폼은 이미 몇 년 전부터 카카오톡과 라인 버전으로 이미 개발이 완료되어, 비공식적으로 몇몇 나라에서도 활용되고 있습니다. 카카오톡을 통한 온라인 네트워크 세일즈는 코로나 시대를 맞아 더욱 빠르게 확산돼 갈 것으로 예상됩니다.

(1)
위챗을 통해 바이럴 판매를 일으키는 사례

  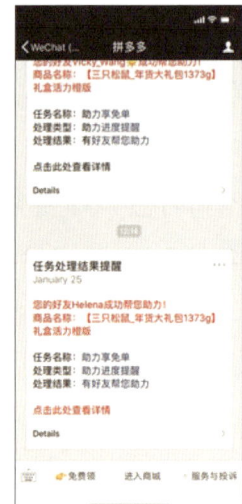

1 A QR code is provided to be shared with friends

2 For this promotion, 9 friends have to install the App

3 A WeChat notification is sent when a friend participates

(2)
위챗을 통해 바이럴 판매를 일으키는 사례

1 친구 추천 시 위챗에 뜬 창구
2 친구 추천 성공한 경우: 현금 쿠폰 증정

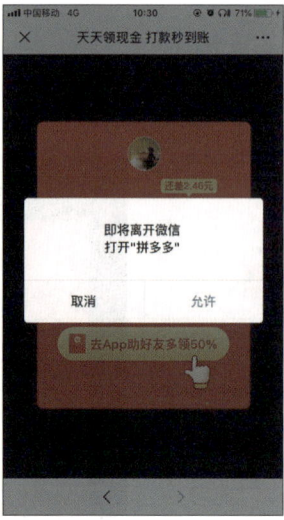

❸ 위챗에서 나가고 강제로 '拼多多' 앱 열기

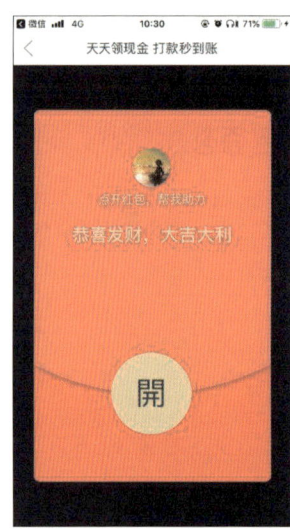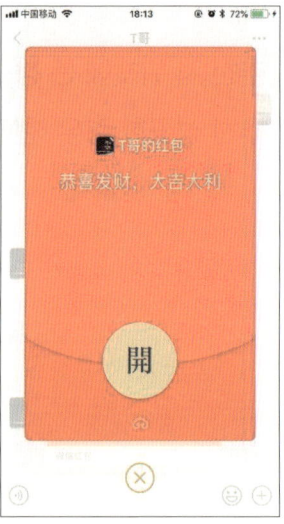

❹ 앱에서 현금 '홍바오'를 증정

❺ '홍바오'를 열어서 현금 쿠폰 확정

❻ '현금 모임' 시스템, 100위엔 모으면 현금 지출 가능

7 '현금 쿠폰' 모으려고 지속적으로 친구 추천

8 오늘 지출한 현금 / 오늘 현금 지출한 인원 수

❾ 오늘 지출한 사용자 밑에 창구가 계속 뜸

(3)
위챗을 통해 바이럴 판매를 일으키는 사례

친구 추천 할인 및 공짜 받기

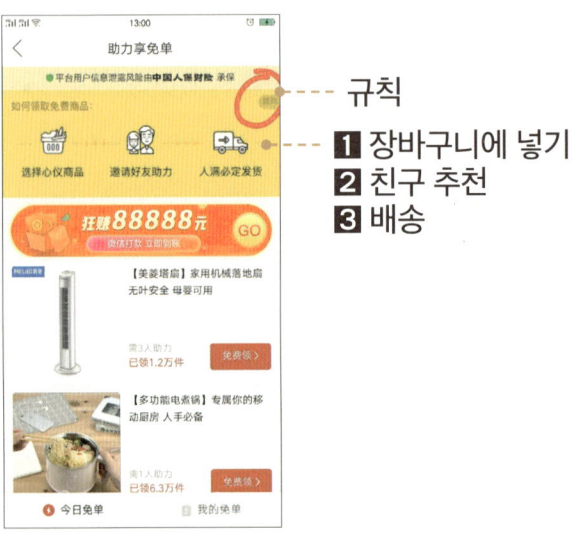

규칙

1. 장바구니에 넣기
2. 친구 추천
3. 배송

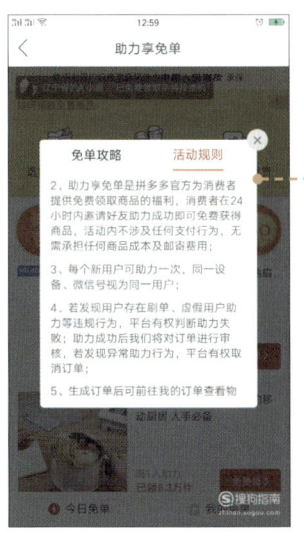

1. 구매자는 24시간 내에 친구 추천을 성공한 후 공짜로 상품을 받을 수 있음(상품 원가 및 배송 비용 등 포함해서 다 공짜로 받을 수 있음)
2. 새로 가입한 회원은 단 한 번만 친구 추천을 할 수 있음
3. 사용자가 불법 거래를 하거나 규칙 외에 친구 추천을 하면 주문을 취소할 수 있음

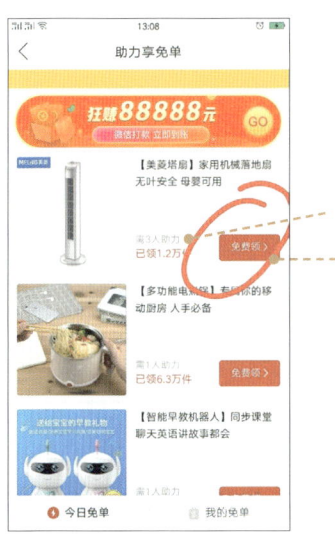

조건: 추천 친구 인원 수

무료 입구

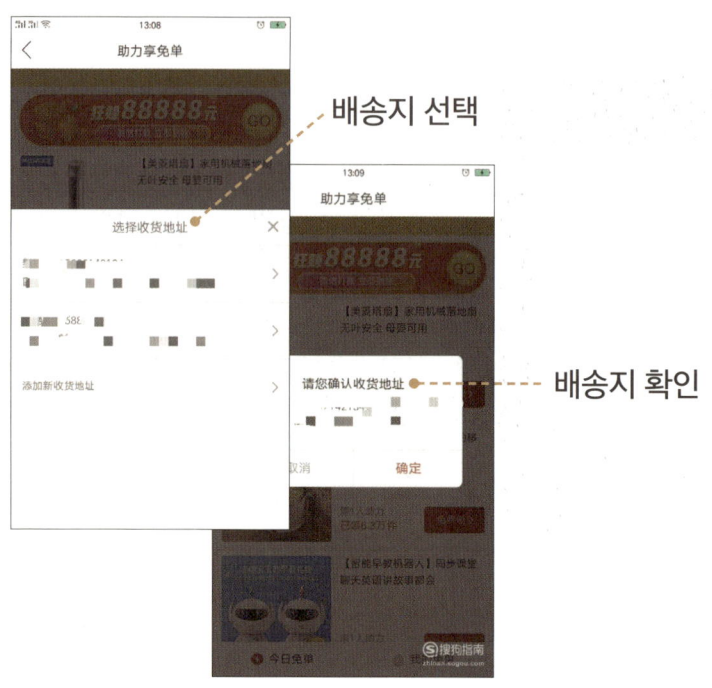

배송지 선택

배송지 확인

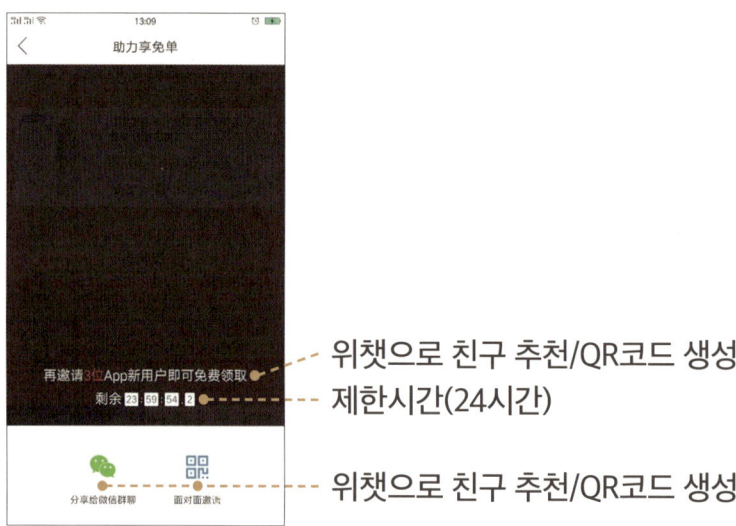

위챗으로 친구 추천/QR코드 생성
제한시간(24시간)

위챗으로 친구 추천/QR코드 생성

- 위챗으로 추천한 친구에게 보내는 창구
- 추천 친구 상세 보기
- 공유

위챗을 통해 일으킨 나의 네트워크
세일즈 성과를 확인하는 페이지 예시

PART 3

내가 만난 중화 혁신 리더들

필자는 삼성전자에서 글로벌 마케팅실과 무선 사업부의 그룹장을 지내기까지 주로 다양한 전략 프로젝트와 신사업을 런칭하는 업무를 담당했습니다. 북미 산호세에 Open Innovation Center를 설립하고, 삼성이 기존에 하지 않았던 다양한 시도들을 외부의 파트너들과 시도해 본 경험은 테크놀로지 분야의 혁신이 어떻게 돌아가는지, 그 생태계를 이해하는 귀중한 경험이 되기도 했습니다. 무선 사업부에서는 당시 피처폰에서 스마폰으로 업의 중심이 전환되는 시점이었습니다. 이에 스마트폰에 왜 OS가 필요하고, 왜 삼성이 앱스토어 같은 걸 운영해야 하느냐고 호통치는 리더들에게 호되게 야단맞으면서, 삼성 앱스토어를 기획하고, ebook 서비스를 런칭하는 등 하드웨어 제조사 출신이 해 보기 어려운 사업 전환기의 경험들을 쌓을 기회도 있었습니다. 또한 이 시점이 삼성전자가 거의 모든 사업 분야에서 글로벌 초일류로 도약하는 정점이기도 했습니다. 이런 배경으로 IBM 글로벌 조직의 컨설팅 부문에 합류하여, Global Consumer Electronics 섹터 컨설팅 리더로 성장하기까지, 중국 IT 분야의 여러 신생 기업들이 어떻게 해서 폭발적인 성장을 이뤘는지 내부에서 직접 들여다볼 수 있었습니다. 이 가운데 특히 디지털 트랜스포메이션이라는 주제와 관련하여, 한국 기업들에게 참고가 될 만한 내용들을, 활자화에 문제가 없을 내용들만 추려서 핵심 인사이트들(Insights)을 함께 나누고자 합니다.

한국이 어떻게 일찌감치 IT 강국이 될 수 있었을까요? 순전히 제 개인적인 의견으론, 한국인 특유의 '빨리빨리' 문화와 세계 최고의 과로사율로 알 수 있듯 엄청난 근로 시간이 사실 큰 역할을 하지 않았을까 싶습니다. 필자가 한국의 대기업에서 근무하던 시절만 해도 월화수목금금금으로 대변되는 '농업적 근면성'이야말로, 특히나 혁신 사이클이 짧고 빠른 IT 제조 분야에서 한국이 두각을 드러낼 수밖에 없는 중요한 경쟁력이라고 강조되던 분위기도 있었던 듯합니다.

필자가 처음 중국에 가 본 것은 1994년 여름이었습니다. 당시만 해도 한국에서 SKY 대학만 나오면 대기업 직장은 당연히 골라서 취업이 되는 호시절이었습니다. 여기에 한술 더 떠, 일부 대기업들은 우수 인재를 입도선매한다는 취지로 재학생에게 다양한 국제 인턴십 프로그램을 후하게 제공해 주던 꿈 같은 시절이 있었지요. 필자는 운 좋게 LG그룹에서 제공하는 국제 인턴십 프로그램에 선발되어, 중국 상하이 LG전자 지사에서 약 1개월 간 현지 근무를 할 기회가 있었고, 그렇게 처음 중국 땅을 밟아 본 게 1994년 여름으로 기억됩니다.

그때 접한 중국과 지금 변화된 중국의 모습을 상전벽해란 말로는 그 충격의 십분의 일도 담을 수 없을 것 같습니다. 동방명주라는 TV 타워로 유명한 상하이 푸동 지역만 해도, 사실상 거지 떼로 뒤덮여서 타워에 접근하는 것 자체가 무척 성가

시고 위험한 일이었습니다. 또한 40도를 넘어가는 무더위에 조금이라도 평탄한 길이나 골목에는 어김없이 동네 사람들이 죄다 팬티 바람으로 길바닥에 신문지만 깔고 자고 있는 모습을 보며 황당하고 신기해 했던 기억이 납니다. 상하이의 복단대학교, 교통대학교 등 유명한 대학가를 구경하면서 중국어가 서툴다 보니 영어로 학생들에게 말을 걸었다가, 갑자기 영어를 쓰는 외국인이 캠퍼스에 나타났다는 진기한 상황에, 외국인인 나와 영어를 연습하겠다고 내 앞으로 수십 명이 긴 줄을 서는 믿기 힘든 경험도 했습니다. 한국이나 일본의 경우 길거리에서 외국인이 영어로 말을 걸어오면 흔히 피하거나 수줍어하기 마련인데, 중국인들은 특유의 중화 엑센트로 저렇게 당당하게 무슨 말인지 알아듣기도 힘든 영어를 연습하겠다고 줄까지 서다니…. 중국인들의 실리주의가 뭔지 제대로 체험한 기억이 납니다.

카피캣의 신화, 샤오미

　샤오미가 IT 분야에서 거두고 있는 눈부신 성공이 더욱 놀라운 이유는 한국 회사들은 일찍이 시도도 못해 본 전혀 다른 전략으로, 완전히 새로운 방식의 경쟁력을 만들어냈기 때문이 아닐까 합니다. 한국에 진출한 샤오미는 그저 대륙의 실수, 엄청난 가성비의 모방품을 만들어내는 회사로만 알려져 있거나, 중국과는 달리 단순 유통 방식으로 진출하다 보니 샤오미가 특출 난 게 무엇인지 의아해 할 분들이 많을 것 같습니다. 그러나 샤오미야말로 중국이 하드웨어 제조업에서도 어떻게 다르게 임할 수 있는지를 보여주는 핵심적인 사례가 아닐 수 없습니다.

　필자는 샤오미의 초창기 사업 전략과 유저 커뮤니티를 구축하여 이를 통해 기업의 밸류 체인 전반에 걸쳐 어떻게 근본적인 혁신을 이뤄 낼지와 관련한 프로젝트를 진행한 바 있습니다.

샤오미는 애플의 미투(me-too) 전략으로 시작했지만, 애플도 하지 못한 강력한 소셜 레버리지라는 혁신적인 사업 모델로 성공하였습니다. 이에 이제는 반도체 분야의 팹리스(Fabless) 기업처럼 자신이 아예 기획하지도 않은 제3자 위탁 생산 브랜드에서 더 많은 매출과 수익을 거두고 있지요.

샤오미의 핵심 경쟁력 - 커뮤니티 기반의 마케팅

많은 기업들이 마케팅의 일환으로 제품 사용자들의 모임을 지원하고 관리합니다. 애플도 사용자 커뮤니티가 있고 삼성도 물론 있습니다. 그러나 샤오미처럼 사용자 커뮤니티가 발달해 있는 브랜드는 유래를 찾기 어렵습니다. 무엇보다도 샤오미의 경우는 커뮤니티 전략이 사업의 핵심이라고 해도 과언이 아닐 것입니다.

샤오미의 사업 전략의 핵심은 한마디로 '팬보이티즘'(Fanboytism)으로 설명할 수 있습니다. 샤오미 제품에 집착하는 열성 팬들이 샤오미 제품을 홍보하고 구매하며 더 나아가 더 좋은 제품을 만들기 위한 아이디어도 적극적으로 창출합니다. 열성 팬 그룹의 존재가 샤오미 성공 전략의 핵심 요소인 것입니다.

샤오미 홈페이지(www.xiaomi.cn)를 보면 커뮤니티 '포럼' 메뉴가 가장 눈에 잘 띄는 최상단에 자리 잡고 있습니다. 샤오미 포럼에는 2020년 8월 현재, 전 세계에서 1억 명 이상의 회원이 가입해 있으며, 그보다 더 중요한 것은 매일 30만 건 이상의 게시물이 새롭게 올라온다는 것입니다.

출처 _ 샤오미 홈페이지 www.xiaomi.cn

이제까지 전자 업체의 홈페이지에 개설된 공식 커뮤니티가 이처럼 활성화된 것을 본 적이 없습니다. 보통 회사 입장에서는 자사 홈페이지에 조금이라도 부정적인 내용이 올라올까 노심초사하면서 어떻게든 부정적인 의견이 올라오면 곧바로 지우거나 다른 게시물이나 댓글로 덮고 싶어 합니다. 그러나 사용자 입장에서는 개인의 진솔한 제품 사용담을 참고하고, 전문가들의 정보를 얻기 위해 커뮤니티 활동을 하는 만큼 굳이 제조사 홈페이지에 개인정보와 행동 패턴을 노출하면서까지 공식 커뮤니티에 관심을 갖기는 어려울 것입니다. 그래서 대부분 제조사가 운영하는 공식 고객 전용 커뮤니티는 활성화되기 어려운 측면이 있습니다.

샤오미의 소셜 마케팅 전략은 자사 홈페이지 내에 개설된 커뮤니티에 집중돼 있습니다. 샤오미가 얼마나 커뮤티니에 관심을 기울이는지는 이 회사의 마케팅 조직이 기존 회사들과 얼마나 다른지를 보면 쉽게 알 수 있습니다.

일단, 샤오미의 마케팅 조직은 공식적으로 광고 홍보 예산이 없습니다. 그러니 통상 '마컴'(Marcom)이라 불리는 브랜드 광고 홍보 조직이 없으며, 마케팅 조직의 거의 대부분의 인력이 자사의 커뮤니티 사이트 관리에 집중돼 있습니다. 샤오미 마케팅 조직은 회사와 사용자 커뮤니티를 유기적으로 연결하여 전략을 검증하고 개선 방향을 실행하는 역할을 합니다. 신제품 개발이나 기능 개선 등 제품 라이프사이클 전반에서 커뮤니티에 속한 팬들의 피드백이 중요한 부분을 차지하게 됩니다.

샤오미 커뮤니티, 정교한 계급 조직의 설계

샤오미 커뮤니티에는 하루 평균 30만 건 이상의 게시물이 올라온다고 설명드린 바 있습니다. 심지어는 누군가 제품에 이상이 있고 사용상에 문제가 있다고 글을 올리면 너도나도 자신이 마치 샤오미의 담당자인 것처럼 적극적으로 해결책을 제시해 줍니다.

커뮤니티 회원들은 왜 이렇게 적극적으로 활동하는 것일까요? 물론 샤오미 제품이 너무 좋아서, 혹은 여타 커뮤니티처럼 자발적으로 남을 돕고 싶어서 활동한다고 보아야 할 것입니다. 그러나 그것을 뛰어넘는 동기 유발 요인이 있습니다. 바로 샤오미가 정교하게 설계한 커뮤니티 계급 올리기와 미션 배지(Badge) 모으기 등 성취감을 자극하는 장치들입니다. 샤오미는 커뮤니티를 하나의 계급사회로 건설했습니다.

포럼의 사용자에게는 등급이 있습니다. 처음 커뮤니티에 가입해서 댓글을 달거나 게시물을 올리면 조금씩 포인트가 쌓여갑니다. 하루에 얻을 수 있는 포인트의 제약도 있습니다. 꾸준히 활동해야 하고, 자신의 블로그 등을 활용해서 많은 사용자들과 소통을 해야 그만큼 포인트도 더 많이 쌓을 수 있습니다.

샤오미의 8단계 등급 체계

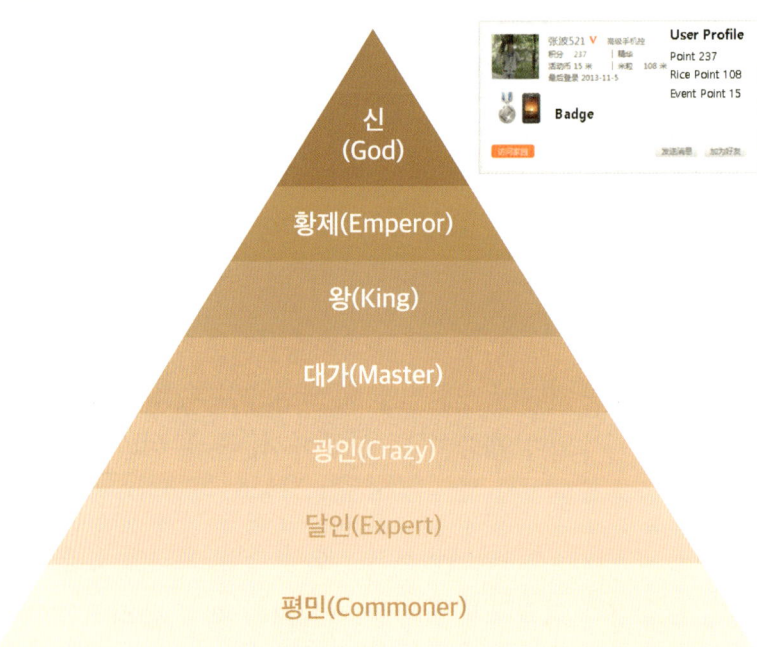

103가지 미션 Badge

이렇게 꾸준히 포인트를 쌓으면 평민에서 - 달인(Expert) - 광인(Crazy) - 대가(Master) - 왕(king) - 황제(Emperor) - 신(God)까지 자신의 등급을 올릴 수 있습니다. 일반 평민에서 열심히 댓글을 달고 다른 사람들과의 소통에 참여해서 일정 포인트를 쌓으면(예를 들어 100점), 달인 등급으로 올라갑니다. 달인이 되면 개인 블로그를 가질 수 있습니다. 달인에서 광인으로 등급이 오르면 사용자들의 게시물에 등급을 매길 수 있는 특권이 주어집니다. 여기에 다양한 온라인 미션을 성공적으로 수행하면 배지가 부여됩니다. 일정 단계에 오르면 자신만의 엠블럼(상징)도 가질 수 있게 됩니다.

이렇게 정교하게 짜인 등급은 마치 온라인 게임의 미션 수행과 그에 따른 보상체계를 연상케 합니다. 게임화(Gamification)를 잘 활용한 것입니다. 단순히 '댓글 달기 1점' 등의 기준으로 등급을 나눠 놓았을 뿐만 아니라 등급별 특권을 부여하는 측면에서도 사용자들의 감성을 잘 반영했습니다.

샤오미 커뮤니티에서 상위 등급으로 올라가는 것은 결코 쉬운 일이 아닙니다. 단순히 온라인 커뮤니티에 댓글을 달고 포스트를 게재하는 것만으로 이루어지지 않습니다. 포럼 활동과 함께 샤오미가 오프라인에서 진행하는 공식 행사 참여도도 포함됩니다. 여기에 샤오미 샵에서 얼마나 제품을 많이 구매했는지도 연결됩니다. 이는 마치 개별 사용자들이 샤오미에 얼마나 기여했는가를 종합적으로 합산하는 것과 같습니다. 커뮤니티 활동을 열심히 하면 일반 포인트(General Point)를 얻고 제품 구매를 통해서는 쌀 포인트(Rice Point)를 모을 수 있습니다. 또한, 오프라인 행사에 참여하면 이벤트 포인트(Event Point)가 적립됩니다. 이렇게 다양한 포인트를 심사의 기준으로 삼는다는 점이 놀랍습니다.

에프 코드(F Code)의 비밀

그렇다면 왜 고객들은 샤오미의 포인트 모으기와 미션 수행에 이처럼 열심일까요? 커뮤니티 등급을 잘 설계하고 단계단계 올라가면서 얻을 수 있는 특권이 이들을 움직이는 동력이지만 그것이 전부는 아닙니다. 궁극적으로는 포인트를 쌓고 미션을 수행하면 'F 코드'를 얻을 확률이 높아지기 때문입니다.

F 코드를 얻으면 어떤 이익이 주어지는 것일까요? 한마디로 F 코드는 샤오미의 최신 스마트폰을 먼저 살 수 있는 우선권입니다. 그런데 이 F 코드에도 서열이 존재합니다. 우선순위가 더 높은 F 코드여야 원하는 제품을 살 때 힘을 발휘할 수 있습니다.

샤오미는 평소에 사용자들이 열심히 커뮤니티 활동을 하고 오프라인 모임에도 참석하도록 유도합니다. 제품 구매도 포인트로 연결돼 F 코드를 받는 데 도움이 되지만 간혹 QR 코드를 통해 F 코드를 얻을 수 있는 일종의 제비뽑기와 같은 이벤트도 펼칩니다.

그렇게 사용자들이 얻고 싶어하는 F 코드에는 샤오미 전략의 핵심 비법이 숨어 있습니다. 사용자들에게는 '돈 주고도 살 수 없는' 소중한 아이템인 동시에 샤오미가 안정적인 판매를 바탕으로 저가 정책을 펼칠 수 있는 근간이 되기 때문입니다.

샤오미는 신제품이 출시될 때마다 온라인을 통해 사전 예약제로 판매합니다. 매번 새로운 모델이 출시될 때마다 온라인으로 단시일 내에 매진되는 진기록을 세웠습니다. 2013년에 출시된 저가형 스마트폰[레드미(Redmi, 紅米)]는 단 90초 만에 10만 대가 예약되기도 했습니다.

이렇게 사기 어려운 제품이니 더더욱 사용자들은 판매에서 혜택을 누릴 수 있는 포인트 모으기, F 코드 획득에 열을 올리는 것입니다. 이런 노력을 기울이는 사용자 커뮤니티가 존재하기 때문에 샤오미는 안정적으로 제품을 저가에 만들어서 판매할 수 있는 것입니다.

따라서 샤오미의 커뮤니티 전략은 단순히 입소문을 위한 홍보 마케팅일 뿐 아니라 강력한 판매 수단으로도 활용됩니다.

샤오미의 독특한 회원 등급 관리제도

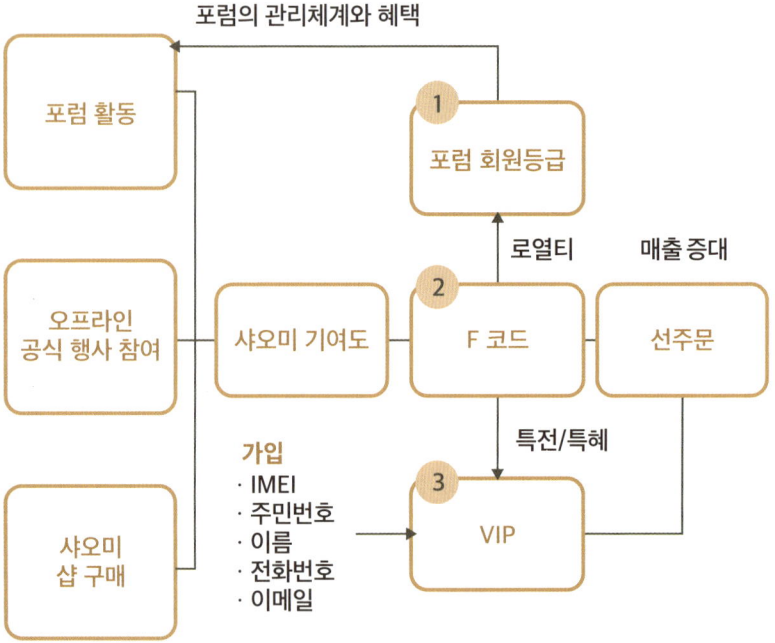

팬들을 열광시키는 샤오미의 매력

샤오미에는 도대체 어떤 특별함이 존재하기에 이렇게까지 하면서 사고 싶은 걸까요? 세 가지 관점에서 그 이유를 찾아 볼 수 있습니다.

<u>첫째로, 샤오미는 자기만의 휴대폰을 만들 수 있도록 완전히 개방된 OS(운영체제) 전략을 구사합니다.</u> 샤오미는 한마디로 개별 고객들이 자기 취향대로 소프트웨어를 마음대로 변형할 수 있도록 가능한 모든 길을 열어 놓고 있습니다. 마치 안드로이드 OS에서 아이폰이나 윈도우 휴대전화기를 쓰는 것 같은 사용자 인터페이스(UI)를 경험할 수 있습니다. 게다가 사용자들과 끊임없이 소통하며 성실하게 반응합니다. 온라인 커뮤니티에서 사용자들이 요구하고 평가한 내용을 적극적으로 반영해서 매주 금요일 오후 5시에 소프트웨어 업데이트를 제공합니다. 2010년 샤오미가 런칭한 이후 지금까지 한 주도 거른 적이 없습니다.

대부분의 스마트폰은 한 번 사면 사실상 그 순간부터 구닥다리 제품이 되기 마련인데, 샤오미폰은 매주 새롭게 탄생하고 자기 입맛대로 변형하여 한마디로 자신만의 차별화된 휴대폰으로 만들어 갈 수 있다는 엄청난 가치를 지속적으로 제공해 주는 것입니다.

둘째로, 샤오미의 매력 포인트에서 가격을 빼놓을 수 없습니다. 지난 5년여간 중국 시장의 휴대폰 평균 판매가를 살펴보면, 아이폰을 100원이라고 봤을 때, 삼성전자가 대략 59원, 샤오미가 32원에 판매되고 있습니다. 일반적으로 '저가폰'은 어쩔 수 없이 사용자들이 포기해야 하는 요소들이 많이 있었습니다. 하지만 샤오미는 '최고의 폰이 갖는 가치를 절반 이하의 가격'에 제공한다고 당당하게 주장합니다. 샤오미의 신제품 런칭 이벤트를 보면, 레이쥔 회장은 항상 '한마디로 삼성전자의 동급 휴대폰보다 동일, 또는 좀 더 우월한 사양에 비해 가격은 30%~50% 수준임'을 주장해 왔습니다.

게다가 대개 실제 제품을 출시하기 2~3개월 전부터 미리 제품 디자인, 상세 스펙과 가격 일체를 공개하기 때문에 런칭 이벤트에서 제시하는 가격 수준은 경쟁사의 당시 시장 판가 대비 사실상 10~20% 수준으로 느껴지는 정말 파격적인 제안이 아닐 수 없습니다. 실제보다 더 싸다고 느끼게 만드는 비상한 재주가 있어서 제품이 나오기도 전에 사람들은 예약 주문을 하게 되는 것입니다. 주문을 한 번에 받아서, 한 번에 외주로 대량생산하기 때문에 높은 품질 수준과 낮은 가격을 유지해 나갈 수 있습니다.

셋째는, 샤오미와 고객이 서로 주고받는 가치의 방정식에서 찾을 수 있습니다. 새로운 샤오미 휴대폰을 사기 위해서는 그만큼 샤오미에 충성해야 하는 것을 물론이고, 지속적으로 샤오미 제품을 구매해야 사용자가 가지고 있는 우선순위를 유지할 수가 있습니다. 휴대전화의 소비 패턴을 생각할 때 중간에 한 번이라도 경쟁사 휴대폰으로 갈아탄 사용자들은 이전에 누리던 다양한 샤오미 사용자로서의 특권을 함께 포기해야 하는 것입니다. 포인트가 높은 고객에게 다양한 독점 이벤트와 프로모션을 지속적으로 제공하므로 절대 사용자들을 실망시키지 않고 있습니다.

팬보이티즘이 선사하는 샤오미의 경쟁력

이제까지는 샤오미가 커뮤니티를 어떤 전략으로 운영하는지에 대해 살펴보았습니다. 이제는 사업의 측면에서 샤오미의 온라인 커뮤니티가 어떤 의미를 가지는가에 대해 정리해 보도록 하겠습니다.

이제까지 사용자 커뮤니티는 제품이 시장에 나온 이후에 제품에 대한 평가와 사용 후기 등이 확산되는 공간으로, 주로 '입소문' 효과를 낼 수 있는 공간으로 활용됐습니다. 물론 입소문도 제품이 긍정적인 평가를 받아야 가능한 것이고 사용자들의 평가가 좋지 않을 경우는 오히려 커뮤니티 의견을 걱정해야 하는 사례도 많았습니다. 하지만 샤오미의 경우는 달랐습니다.

우선 커뮤니티 회원들을 제품 기획에 참여시키는 효과를 가져왔습니다. 일반적인 제조사들과 달리 물건을 다 만들어 놓고 사후 피드백을 듣고 개선하는 것이 아니라, 제품 기획 단계에 고객의 피드백을 반영하여, 고객에게 제품 개발에 참여하고 있다는 독특한 참여 의식을 줍니다.

다음 예는 샤오미가 신제품 런칭 시 커뮤니티 멤버들에게 새로운 휴대폰 바디 색깔을 결정하기 위해 진행한 설문조사의 실제 사례입니다. 샤오미는 반드시 커뮤니티에 가입해야 제품 구매가 가능하므로 커뮤니티 회원을 대상으로 선호하는 제품의 색을 묻는 것은 고객들에게 사실상 무료로 수요조사를 하는 것과 같은 효과를 나타냈습니다. 수요조사에 대한 결과는 대개 1주일 이내에 다시 회원들과 투명하게 공유합니다. 샤오미 입장에서는 새로운 시도에 대해, 고객의 반응을 신속하게 살펴보고 결정할 수 있는 강력한 무기를 얻은 셈입니다. 샤오미 말고 과연 어떤 회사가 제품 생산 전에 수요가 얼마나 몰릴지를 예측이라도 할 수 있는 곳이 있을까요?

'샤오미의 MI 폰 황금색을 사시겠습니까?' 하고 온라인 커뮤니티에 질문을 던졌더니 2주 동안 2,398명의 사용자가 설문에 응답했습니다. 이 가운데 1,462명(60.97%)이 '황금색이 좋다'고 응답했고, 519명(21.64%)이 '황금색을 좋아하지 않는다'고, 417명(17.39%)는 '상관없다'고 각각 응답했습니다.

또한, 샤오미는 충성 고객층과 온라인 커뮤니티를 기반으로 거의 실시간으로 소통하는 것 자체가 CRM의 핵심 요소가 됩니다. 많은 기업이 사용자의 데이터베이스를 모으고 성향을 파악하기 위해 많은 비용을 투자합니다. 그러나 샤오미는 커뮤니티 자체가 회원 데이터베이스이며 CRM 기반이 되는 것입니다.

샤오미의 이런 고객관리는 자연스럽게 판매로 이어집니다. 바로 이 부분이 샤오미 커뮤니티 전략의 백미라고 할 수 있습니다. 샤오미 제품을 구매하기 전부터 먼저 자사의 커뮤니티에 편입시키고 회원들끼리 다양한 상호 인터랙션과 포인트 쌓기 미션을 수행토록 함으로써, 새로운 잠재 고객을 자연스럽게 샤오미 팬으로 만듭니다. 이제 이들은 샤오미가 원하는 대로 한정수량 선착순 판매 방식에 경쟁적으로 뛰어들 준비가 되는 것입니다. 이런 식으로 대량의 물량을 몇 번의 한정 세일로 팔아 치울 수 있으면, 그것도 샤오미처럼 매번 온라인 세일이 당일도 아니고, 재고 소진까지 한 번도 10분을 넘기고 않고 매번 동나는 구조라면, 기존의 시장 판매 전략은 모두 무용지물이 되고 마는 것입니다.

샤오미의 사업 모델 혁신

낚시터 전쟁 vs 가두리 양식

이런 식의 전광석화 세일즈 방식은 외주로 폰을 생산하는 구조를 가진 거의 모든 휴대폰 업체들의 생산 효율과 비용 절감을 더욱 극대화시킵니다. 샤오미는 제품 생산 전부터 고객으로부터는 선결제를 받고, 주문 후 생산해서 온라인 직판만 하니 유통 재고도 없습니다. 게다가 생산 및 협력 업체에 줄 돈은 추가로 물량 할인까지 받으니, 현금 순환 주기(Cash Conversion Cycle 이하, CCC)에서 큰 폭의 마이너스 일수를 달성할 수 있게 됩니다. 중국의 여타 제조업체에서는 그 유례조차 찾기 어려운 전무후무한 경쟁력입니다.

참고로, 현금 순환 주기란 한마디로 기업을 운영한 결과가 얼마나 빠르게 현금 순환되는가를 나타내는 현금 순환 소요 일수를 뜻합니다. 당연히 숫자가 작을수록 현금 순환이 빠르게 되는 것이니 이 숫자들은 더 효율적인 기업 운영의 지표를 나타낸다고 할 수 있습니다. 당연히 기업들은 현금 순환 소요 일수를 최대한 낮추기 위해 최선의 노력을 기울입니다. 받을 돈은 최대한 빨리 받고, 창고와 유통 채널에 묶인 재고 일수는 최대한 줄이고, 줄 돈은 문제없을 만큼 가능한 늦게 주는 등의 묘책들을 짜내는 것은 당연지사입니다. 현금 순환 주기가 마이너스란 얘기는 한마디로 회사가 영업하기도 전에 돈부터 벌어들인다는 얘기니 이보다 환상적인 사업 모델이 또 있을까요?

전통적으로 오프라인에서 판매하고, 그것도 통신사를 통한 판매영업 모델을 가진 휴대전화 제조사들은 업체별로 큰 차이가 있지만, 업계 평균 60일 전후의 현금 순환 주기를 나타냅니다.

그런데 샤오미는 사업 구조상 현금 순환 일수가 최소화를 넘어 큰 폭의 마이너스 수준을 달성한 것입니다. 이렇게 되면, 마치 금융 기관처럼 제조사가 현금 운영(operating cash)에서 이자수익까지 챙기는 효과까지 거둘 수 있습니다(참고로, 2014년 말 기준, 애플의 CCC는 -25일이었고, 삼성전자의 경우 67일이었습니다. 물론 애플과 삼성의 경우는 휴대폰 외에도 다양한 사업군의 실적이 합산된 회사 전체 실적 기준입니다).

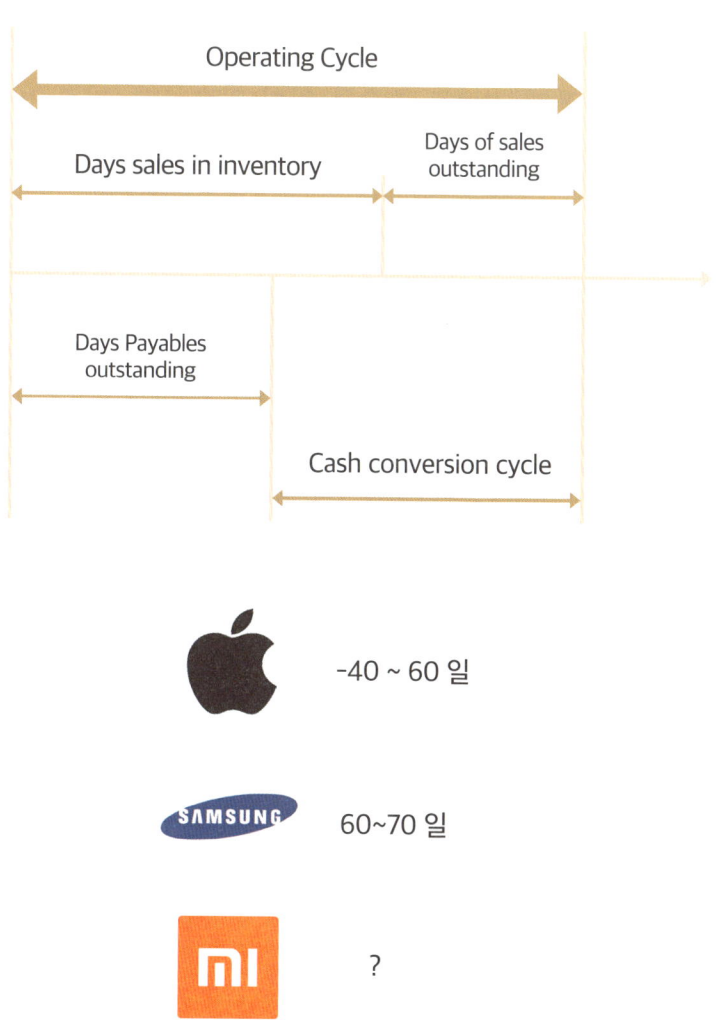

또 한 가지 샤오미의 커뮤니티 전략이 사업에 미치는 긍정적인 효과 가운데 정말로 중요한 것이 있습니다. 바로 '반품'의 문제입니다.

휴대폰 제조 업계의 고질적인 문제 가운데 하나는 '무결점 반품'(No Fault Found Return) 문제입니다. 제품에 이상이 있는 경우가 아니라 사용자의 단순 변심이나 혹은 사소한 사용상 부적응으로 제품의 결함이 없는 상태에서 반품하는 경우가 많이 발생합니다. 그런데 샤오미의 경우, 이를 커뮤니티 내 고객 서비스를 통해 문제 해결력과 비용을 획기적으로 줄일 수 있는 방법을 찾게 된 것입니다.

미국의 경우 가전제품의 고객 반품이 제조사 및 관련 유통업체에 끼치는 연간 손실액이 170억 달러에 이릅니다. 더욱 놀라운 것은 전체 소비자 반품에서 고객 변심이 27%, 제품 이상은 고작 5% 이내인데 반해, 나머지 68%가 제품 이상과는 아무런 관계가 없다는 사실입니다. 제품 자체의 결함이 아니라 소비자들이 원하는 기능이 아니었거나 혹은 그 기능을 사용하는 데 익숙해지지 못해서 반품을 하는 경우로 봐야 할 것입니다.

당연히 더 복잡한 기능이 압축된 스마트폰의 경우, 제품 이상이 아니라도 사용자들이 제품에 적응하지 못할 확률이 일반

전자기기보다 훨씬 높게 마련입니다. 스마트폰의 경우 대게 고객 반품 요구가 1차적으로는 주로 서비스를 개통한 통신사업자를 통해 이뤄지고, 대부분의 통신사업자들은 자사의 대고객 서비스 측면에서 고객의 주장에 따라 우선 반품을 받아주는 정책을 취합니다. 단말 제조사 입장에서는 제품 이상이 아닌데도 반품을 받아야 하는 억울한 상황입니다.

실제로 필자가 직접 컨설팅을 담당한 글로벌 주요 휴대폰 제조사들 모두가 공통적으로 매우 높은 무결점 반품 비용으로 수익성 압박이 심한 상황이었는데, 샤오미의 경우 이런 문제를 샤오미 사용자 커뮤니티를 통해 미리 낮출 수 있는 이점이 있습니다. 고객이 반품을 결심하기 전에 고객 스스로 문제를 해결할 수 있는 수단을 제공하고, 문제 해결 과정에 참여한 모두에게 제공하는 포인트 리워드는 무결점 반품을 줄이는 데 매우 효과적인 수단인 것입니다.

샤오미 제품을 산 사용자들은 기본적으로 샤오미 커뮤니티의 회원입니다. 이곳에는 스스로 '샤오미 구루'(Xiaomi Guru)라는 칭송을 받고 싶어서, 또는 단순히 문제 해결로 포인트 적립을 목적으로 자발적으로 활동하는 수많은 샤오미 전문가들이 있습니다. 이들이 다른 사용자들이 올린 문제에 즉각적인 답변을 제공하려고 눈을 부릅뜨고 대기하고 있습니다.

이런 답변들은 사용자들에 의해 얼마나 유용하고 적절하였는가가 점수로 매겨집니다. 이에 따라 관련 문제를 묻고 답하는 FAQ 섹션에서 최우선 상단에 위치하여 하루 70만 명 이상이 질문을 올리거나 댓글을 답니다. 이처럼 사용자가 만들고 평가하는 콘텐츠가 풍성해지고 이 데이터는 다시 샤오미 소프트웨어의 버그(Bug, 소프트웨어의 결함)를 해결하며 기능을 개선하는 데 집중됩니다. 샤오미는 커뮤니티가 바로 고객센터 역할을 하며, 그것도 고객 스스로가 셀프 서비스로 문제를 해결하는 것이 당연시되는 풍토를 만들어 놓았습니다.

창조적 모방의 DNA

샤오미의 사업 전략을 설명하면서 '모방'이라는 단어를 뺄 수는 없을 것입니다. 샤오미는 등장부터 '애플 짝퉁'이라는 별명을 얻었을 정도로 아예 대놓고 모방으로 사업을 시작했습니다. 그러나 샤오미처럼 다른 회사의 성공 사례(Best Practice)를 창조적으로 모방한 기업은 유례를 찾기 어려울 것입니다. 어찌 보면 샤오미는 기업의 가치 사슬(Value Chain) 각 단계마다 세계적인 기업들의 모범사례에서 아이디어를 얻어 자신만의 것으로 재조합해냈습니다. 그렇게 샤오미만의 '파괴적 혁신'을 이뤘습니다. 오늘날 중국 휴대전화 시장을 장악하고 글로벌 리더인 삼성전자를 위협하고 애플을 넘보는 위협적인 존재로 성장한 것입니다.

필자가 중국의 대표 전자회사들의 사업 전략 컨설팅 업무를 맡았던 때만 해도 단골주제는 한마디로 삼성 배우기, 삼성식 경영 따라하기였습니다. 실제로 삼성에서 갓 퇴임하여 중국 회사에 자문이나 고문의 직함으로 와 있는 전직 임원들을 중국 고객사에서 마주치는 일은 다반사였던 것이 사실입니다. 심지어 중국의 삼성이라 불리는 한 전자회사의 출입구에서 본, '삼성을 배우자, 삼성을 이기자'란 붉은색 표어는 아직도 섬뜩한 느낌으로 남아 있습니다. 그러던 것이 빅 3, BAT가 인터넷 분야에서도 중국이 세계를 선도할 수 있다는 자신감을 만들었고, 이러한 자신감은 샤오미에 이르러 중국식 혁신 모델이 전통적인 전기 전자 제조 분야에 폭넓게 파급되는 촉매제가 되었습니다. 후발 기업들이 아무리 열심히 삼성을 따라 한들, 삼성 따라하기로는 절대 삼성을 추월할 수 없다는 것을 깨닫는 데는 그리 많은 시간이 걸리지 않았던 것입니다. 이제 경쟁자들의 도전 방식이 달라지고 있습니다. 이에 경쟁의 구도가 달라지고, 게임의 룰이 바뀌고 있다는 데 주목해야 할 것입니다.

이번 장에서는 샤오미의 창조적 모방 DNA의 본질이 무엇인지, 우리가 왜 중국의 샤오미식 도전을 경계해야 하는지, 가치 사슬의 각 단계를 따라 정리해 보도록 하겠습니다.

제품개발: 사용자를 참여시켜 시장이 원하는 제품 개발

제조업체들에게 제품 개발은 혁신의 시작이자 성공의 척도가 되기 마련입니다. 특히 기술을 핵심으로 하는 IT 회사에게 제품 개발은 혁신과 시장 수용의 속도를 잘 조절해야 하는 어려운 과정입니다.

전 세계적으로 앞서 나가는 기술을 가진 많은 기업들이 기술의 속도를 조절하지 못해서 시장에 적응하지 못한 사례는 너무나 많습니다. 기술 혁신이 너무 빨라도 사용자들에게 다가서지 못합니다. 물론 성능에서 뒤떨어지면 경쟁 자체가 불가능하다는 것은 너무나 당연한 이치입니다.

시장에 맞는 제품을 개발하기 위해서 소비자들의 마음을 읽고 시장조사에 많은 자원을 쏟습니다. 하지만 제품 개발과 시장 출시 사이에는 어쩔 수 없이 시간의 차이가 있을 수밖에 없는데, 불과 몇 달 혹은 1, 2년의 공백이 제품 개발 단계 자체 **를 무용지물로 만드는 경우도 드물지 않게 발생합니다. 제품 개** 발에서 생산에 이르는 시간을 단축시키더라도 변덕스러운 소비자들의 마음을 읽는 독심술도 필요합니다.

자, 이렇게 어려운 문제를 어떻게 해결할 수 **있을까요?**

샤오미는 '크라우드소싱'에서 그 답을 찾았습니다. 소셜 시대는 누구나 자신의 의견을 자유롭게 이야기하고 직접 소비자들의 얘기를 열린 공간에서 들을 수 있습니다. 기업의 정책과 제품에 대해서 직접 제품을 사용할 사용자들의 의견을 들을 수 있다면, 제품 개발과 시장 요구 사이의 차이를 조금이라도 줄일 수 있을 것이라는 점에서 착안했습니다.

샤오미는 처음부터 사용자층을 기반으로 한 커뮤니티 형성 및 지원에 큰 힘을 쏟았습니다. 단순히 소비자층(타깃 그룹에는 속하지만 실제 제품을 구매할 것인지는 명확하지 않는 대다수의 그룹을 단순 소비자층이라고 가정하자)의 얘기를 듣는 것이 아닌, 샤오미의 제품을 구매했던 경험이 있고 또 꾸준히 커뮤니티 내에서 활동하며 향후 샤오미의 제품을 구매할 가능성이 상당히 높은 사용자들의 의견이라면 더더욱 제품 개발과 시장 소비의 간극을 좁힐 수 있을 것입니다.

샤오미는 이렇게 사용자 커뮤니티의 참여를 기반으로 실제 구매할 소비자들이 원하는 기능을 개발할 수 있었습니다. 앞서 예로 든 '황금색' MI폰의 구매의사를 묻는 설문조사와 같이, 67% 이상이 구매의사를 밝혔다면 황금색 디자인이 시장에서 좋은 평가를 얻을 수 있을 것임을 미리 짐작할 수 있는 것입니다.

이는 또한 소비자들에게는 황금색 샤오미폰에 대한 기대를 증폭시켜 제품 구매 확률을 높이는 효과까지 내고 있습니다.

생산: EMS(전자제품 위탁 생산 서비스)를 통해 판매 단가 최적화

애플이 폭스콘을 통해 제품을 생산하는 것처럼 샤오미도 자사 제품을 위탁 생산 방식으로 만듭니다. 앞서 설명한 대로 이미 신제품 개발 단계에서 소비자들에게 제품 사양과 실판매 가격을 다 공개해서 사전 주문을 받습니다. 몇 개월 전부터 대량 사전 주문을 받아 한 번에 전문 위탁 생산 업체(Electronics Manufacturing Service 이하, EMS)에 생산을 맡기기 때문에 '규모의 경제' 효과를 극대화할 수 있습니다. 자체 생산 방식 대비, 공장 가동률과 유지 비용 측면에서 유리한 휴대폰 외주 생산 방식은 일반적으로 평균 2~3% 비용 절감 효과를 거둘 수 있습니다. 샤오미는 대량의 사전 주문 물량으로 부품 구매 단계에서 한 번 더 물량 할인을 받고, 한번에 묶음 단위(batch) 생산으로 비용 효율을 더욱 극대화합니다.

가치 확산: OS에서 주변기기까지 - 사용자 기반 중심으로 시장 확대

샤오미의 핵심 창업 멤버들은 모두 소프트웨어 엔지니어로 경력을 쌓은 인물들이었습니다. 레이쥔 회장은 샤오미 창업 전 15년간을 워드 프로세서를 만드는 진산(金山, 지금은 킹소프트로 사명 변경)이라는 회사에서 29살의 나이에 사장 자리에 올라 오피스 소프트웨어의 글로벌 최강자인 마이크로 소프트를 상대로 결국엔 독자 워드 프로세서를 성공시키고, 진산을 상장시켜 낸 신화적 인물입니다. 소프트웨어를 통한 차별화의 가치에 주목한 샤오미 자신만의 독자적인 서비스 생태계(Service Ecosystem)를 '미 유아이'(MIUI)라는 OS 기반 위에 구현해 냈습니다.

거스를 수 없는 시대적 대세 - 개인화

샤오미에 대해 사용자들이 특히 열광하는 핵심적인 이유 중의 하나로 무제한적인 개인화를 들고 싶습니다. 애플의 iOS와 함께 사실상 전 세계 휴대폰 시장을 양분하는 안드로이드는 다시 세 가지 형태의 안드로이드 시장으로 나뉩니다.

첫 번째는 구글이 안드로이드 OS가 대폭 업그레이드될 때마다 특정 단말 제조사 한 군데를 콕 찍어서 제일 먼저 새로운 안드로이드 OS를 탑재하여 내놓는 안드로이드 순 정품(Google Experience Device)입니다. 두 번째가 GED 단말 런치 후 모든 안드로이드 제조사에 배포하는 표준화된 안드로이드 OS를 탑재한 경우입니다. 첫 번째 경우는 통신사나 단말 제조사의 어떠한 차별적 UI/UX도 들어가 있지 않은 순 정품으로, 필자가 써 본 바로 '안드로이드폰도 이렇게 날아다닐 수 있구나!' 할 만큼 앱 실행 속도나 안정성에서 탁월합니다. 왜냐하면, 한마디로 꼭 필요한 순정품만 들어간 군더더기가 하나도 없는 단말이니까요…. 하지만 두 번째의 경우 즉, 일반적인 안드로이드폰은 통신사나 제조사별로 특화된 서비스를 탑재하다 보니, 부팅할 때부터 이런저런 통신사, 제조사 로고도 3D로 휘황찬란하게 띄워야 하고, 단말에선 탑재된 이런저런 서비스 앱들이 지울 수도 없어 소비자의 원성을 사기도 합니다. 어쨌든 첫 번째나 두 번째 유형 모두 기본적으로 구글이 컨트롤하는 일반적인 안드로이드폰이라고 보면 큰 차이가 없을 것입니다.

세 번째 유형이 바로 구글의 최대 골칫거리로 떠오르고 있는 AOSP 형태입니다. AOSP는 소스가 모두 공개돼 있는 안드로이드 OS에서 구글의 대표적인 서비스인 구글 플레이 어플 스토어, 구글맵, 크롬 브라우저, 지메일 등 구글 모바일 서비스(GMS)를 모조리 뺀 순수 OS입니다.

2014년 4분기 기준으로 전체 안드로이드폰 시장의 41%가 바로 이런 무늬만 안드로이드인 폰 시장으로 성장했습니다. 구글 입장에선 돈 되는 구글 서비스는 쏙 빼고, 공짜로 오픈된 OS 소스만 가져다 쓰는 시장이 확 커져 버린 것입니다. 중국의 안드로이드 시장이 대부분 이런 세 번째 유형으로, AOSP로 안드로이드를 만들어 참으로 손쉽고 기발하게 저마다 차별화된 사용자 경험을 제공합니다. 일찍이 아마존이 독자 e-book 서비스인 킨들 서비스와 전용 단말을 내놓을 때 바로 AOSP를 기반으로 그 위에 자체 브라우저와 스토어를 얹어서 시장을 띄운 것에 착안하여, 샤오미는 안드로이드 스마트폰 시장을 AOSP로 재편하고 있는 것입니다.

이미 포화 상태에 이른 모바일 OS 시장에서, 삼성전자는 바다(Bada)와 Tizen이라는 독자 OS 생태계를 키우고자, 지난 몇 년간 매년 수백억 원의 투자와 엄청난 개발 인력을 쏟아부은 바 있으나, 아직까지 그 성과가 가시화되기에는 시간이 더 필요한 듯합니다. 이에 비해 샤오미를 비롯한 중국 본토의 후발 휴대폰 제조사들이 일찌감치 AOSP로 필요한 순수 OS 기능만 빌리고, 이 위에 모든 차별화를 콘텐츠와 서비스에 집중한 것은 실리를 중시하는 중국의 시장 특성과 맥이 닿아 있습니다.

여기까지만 본다면 AOSP는 누구에게나 제공되는 오픈 소스 코드이니, 신생업체에 불과한 샤오미가 이것으로 소비자에게 어필하는 단말을 특별히 더 잘 만들 이유는 없을 것입니다. 샤오미가 집중한 핵심 트렌드는 바로 개인화에 대한 소비자의 열망입니다. PC 시장을 돌아보겠습니다. 한국에도 90년대 초, 저마다 자신만의 PC를 직접 조립해서 세상에 하나밖에 없는 나만의 PC를 만드는 게 무슨 자랑인 양 열풍이 불지 않았던가요? 조립 PC의 열풍을 타고 한 시대를 풍미했던 용산 전자상가니, 세운상가니 하는 시장이 바로 이런 개인화에 대한 소비자 열망의 증거물입니다. 스마트폰이 사실상 모든 개인화 IT 기기들을 집어삼키면서, 휴대폰도 PC처럼 내 마음대로 구성품과 소프트웨어를 구성하고 싶은 욕구가 커지고 있는 것은 분명한 글로벌 트렌드입니다. 물론, 스마트폰이 워낙 수많은 부품이 고집적화된데다 최대한 얇고 가벼워야 하는 디자인적 기대 수준이 높기에 '구글의 ARA' 같은 DIY 스마트폰 프로젝트가 언제쯤 시장에 안착할 수 있을지는 여전히 미지수이긴 합니다.

OS별 스마트폰 출하량

글로벌 시장 : 2014. 3-4 분기

OS	출하량	3분기	4분기	전분기대비 증감율(%)
안드로이드	(백만)	217.49	205.56	-5
포크 안드로이드	(백만)	85.47	85.00	-1
IOS	(백만)	39.27	74.50	90
윈도우 폰	(백만)	9.02	10.70	19
기타	(백만)	3.18	2.34	26
합계	(백만)	354.44	378.00	7

출처_.ABI Research

샤오미는 개인화에 대한 소비자의 열망, 즉 스마트폰 DIY 시장을 소프트웨어적으로 풀고자 했습니다. 그리고 샤오미가 어떻게 개인화된 사용자 경험을 제공하는지, 샤오미가 택한 방법이 바로 샤오미를 특별하게 만드는 이유가 아닐까 합니다.

샤오미는 신생 벤처기업답게 자신이 할 영역과 할 수 없는 영역이 뭔지를 명확히 구분하고자 했습니다. 또는 직접 하지 않는 게 더 나은 영역이 무엇인지에 대한 통찰이 남달랐습니다. 사실 4년밖에 안된 회사가 자신만의 차별화된 OS를 오로지 회사의 자원으로만 매주 업데이트해 왔다면, 이 회사는 훨씬 이전에 파산했거나, 샤오미의 모든 엔지니어는 이미 중환자실에 입원했을 것입니다. 샤오미는 AOSP 기반에 구축한 독자 OS 플랫폼 기반 위에, 사용자들이 마음대로 소프트웨어 요소를 바꿔 볼 수 있도록 서로 협력할 수 있는 포럼 기반의 커뮤니티를 구축했습니다. 즉, 해결책이 궁금한 사람과 답을 가진 사람이 서로 협력해서 아주 풍부한 사례와 실전 경험을 공유하는 포럼이란 공간을 제공함으로써, 실제적인 답을 사용자들끼리 알아서 찾아가는 구조입니다. 이곳에선 뭔가 불가능해 보였던 특정 단말의 해킹 노하우가 최고의 화두이며, 그런 실력을 갖춘 사용자를 구루라고 떠받드는 지식 포럼으로 돌아가는 것입니다.

샤오미의 포럼을 살펴보면 매우 흥미롭습니다. 실제로 iOS를 해킹해서 샤오미 OS와 샤오미의 차별화된 서비스를 설치하는 방법, 샤오미의 미디어 스트리밍 기기인 Mi-Box를 미국 케이블방송을 무료로 볼 수 있는 범용 케이블박스로 만드는 방법 등 저마다 자신의 실패와 성공 노하우가 올라가 있는 것을 쉽게 찾아볼 수 있습니다.

물론 이런 해킹의 영역은 샤오미가 직접적으로는 어떠한 지원도 공식적으로 하고 있지 않습니다. 그러나 사용자가 소프트웨어를 건드리는 위험천만한 모험에 비교적 안전하게 도전해 볼 수 있도록, 어떤 단말 회사도 제공할 수 없는 매우 실질적인 해결책을 커뮤니티 포럼을 통해 제공할 수 있는 것입니다. 경쟁사의 어떤 휴대폰 단말을 샤오미화시켜 써 본다거나, 샤오미의 기기들을 경쟁사의 그것과 동일하게 바꿔 보는 도전이 시들해지면, 그저 샤오미 소프트웨어를 다운로드받아 설치하면 그것으로 언제든 이미 매주 1회 새롭게 태어나는 샤오미의 경험으로 되돌아올 수 있습니다. 샤오미의 핵심 고객층을 중국의 일반 휴대폰 사용자들과 비교해 보면, 확연히 샤오미의 유저층은 젊은 20~30대 초반의 대학 졸업 학력을 가진 비즈 프로페셔널(Biz Professional)층임을 알 수 있습니다. 바로 이들이 누구보다 실용적인 가치와 개인화가 중요한 소비층임은 두말할 나위 없습니다.

샤오미 유저 vs 일반 중국 스마트폰 유저(개인)

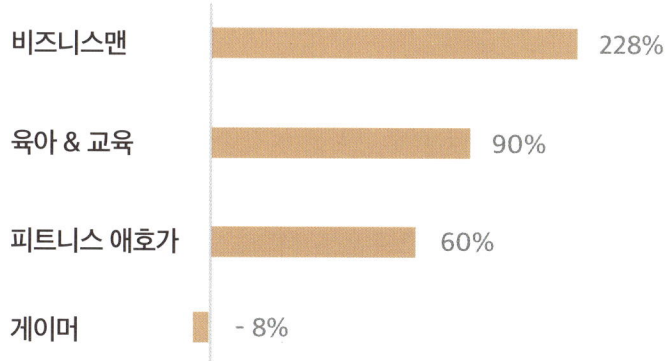

비즈니스맨	228%
육아 & 교육	90%
피트니스 애호가	60%
게이머	- 8%

샤오미 유저 vs 일반 중국 스마트폰 유저(연령)

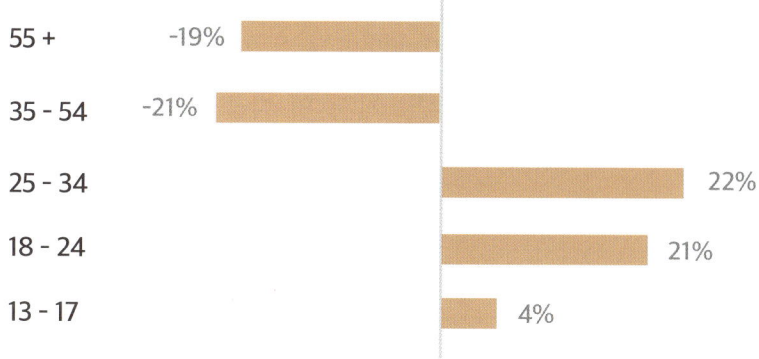

55 +	-19%
35 - 54	-21%
25 - 34	22%
18 - 24	21%
13 - 17	4%

샤오미는 특유의 입소문 마케팅을 통해, 어떤 스마트폰 브랜드 유저라도 먼저 샤오미의 소프트웨어를 자신의 스마트폰에 설치하여 손쉽게 샤오미만이 제공하는 사용자 경험과 개인화 서비스를 맛볼 수 있게 합니다. 이는 실제로 샤오미 단말 구매자보다 30% 이상 더 많은 미 유아이(MIUI) 사용자 기반을 확보하게 하여, 결론적으로 소프트웨어로 하드웨어 고객층을 넓혀 가는 독특한 사업 전략을 구사하고 있습니다. 휴대폰 제조업체로서 하드웨어 차별화를 위해 힘들게 개발한 독자적인 소프트웨어와 서비스를 자신의 휴대폰에만 독점적으로 제공하는 게 어쩌면 당연한 일일 텐데, 오히려 더욱 공격적으로 경쟁사 단말에서 구동이 가능하도록 지원하는 전략은 한 번 더 생각한 신의 한 수가 아닐까 합니다. 그 이후 샤오미는 휴대용 배터리, 이어폰 등 스마트폰 주변기기, 스마트 TV, 애플 TV를 본뜬 미디어 스트리밍 기기 미 박스(MI Box)는 물론, 이제는 공기청정기와 디지털 체지방 체중계까지 전방위로 가격 파괴형 사업 확장에 더욱 공격적으로 나서고 있습니다.

이렇게 샤오미가 제품 라인을 확대할 수 있었던 것은 주변에 든든하게 자리 잡고 있는 샤오미 팬들이 있기 때문입니다. 사용자층이 확고하게 자리 잡고 적극적으로 커뮤니티 활동을 하면서 제품 개발의 협력자이자 소비자로의 역할을 충실히 하고 있는 것입니다.

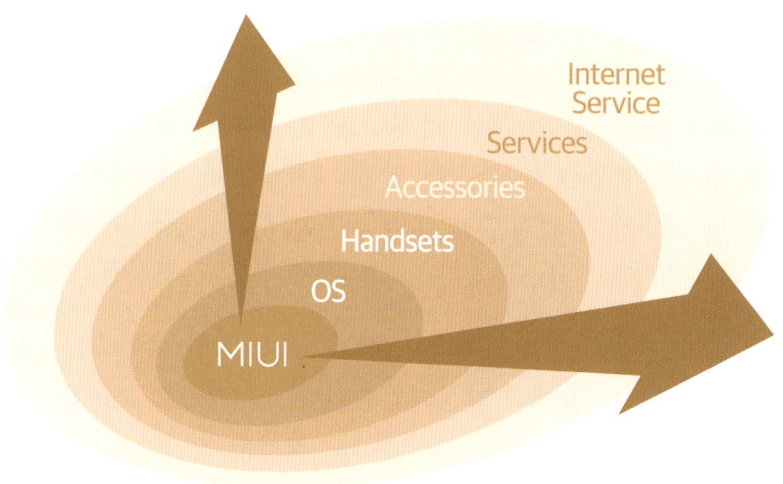

마케팅: 완벽한 소셜, 입소문 활용

최근 들어 마케팅을 이야기하는 데 있어 소셜 미디어를 빼놓을 수는 없습니다. 전통 미디어의 역할보다는 소셜 미디어를 통해 사용자층이 직접 기업이나 브랜드와 소통하는 것이 대세로 자리 잡았습니다.

샤오미의 마케팅은 소셜 미디어에서 시작되고 또 소셜 미디어에서 끝이 납니다. 샤오미는 광고 예산을 별도로 두고 있지 않습니다. 모든 홍보나 제품에 대한 정보 확산은 온라인 커뮤니티를 기반으로, 혹은 오프라인 이벤트로 이루어집니다. 마케팅 활동의 중심에는 샤오미 제품을 직접 써 본 사용자가 있고, 사용자가 적극 참여하는 형태로 마케팅이 이루어집니다. 처음 샤오미가 휴대전화를 출시했을 때도 기존 샤오미 커뮤니티 기반으로 정보가 수집되고 확산됐습니다.

사실 소셜 미디어를 통해 친구들과 제품 정보를 공유하는 '입소문' 전략과 한정된 시간 안에 제품을 주문하는 시스템은 소셜커머스에서 원형을 찾아볼 수 있습니다. '좋은 제품을 저가에 구매하되, 친구들에게 빨리 그 소식을 알려서 한정된 기간 안에 정해진 수량이 판매돼야 한다'는 것이 소셜커머스가 새롭게 선보인 판매의 방식이었습니다.

샤오미는 소셜커머스의 원형을 가져와 자신의 인터넷 쇼핑몰에서 멋지게 재현해냈습니다. 샤오미의 스마트폰은 애플처럼 대략 6개월에 한 번 신모델이 출시되고 사용자들은 그때를 기다리며, 열심히 커뮤니티 활동을 하게 되는 것입니다.

판매: 자체 인터넷 쇼핑몰을 통한 제품 판매로 이윤 극대화

샤오미의 가치 사슬 가운데 가장 뛰어난 부분은 바로 '판매'에 있다고 해도 과언이 아닙니다. 제품이 출시되면 과연 많이 팔릴 것인가, 재고는 얼마나 부담해야 할 것인가를 고민해야 하는 것이 제조업체들의 일반적인 숙명이었는데 샤오미는 앞서 언급한 바와 같이 전통적인 매체 광고에 일체 돈을 쓰지 않습니다. 대략 반 년에 한 번씩 새로 출시되는 샤오미 휴대폰을 사기 위해 사용자들은 그때를 기다리며, 제품이 나오기도 전에 예약 주문을 합니다. 제품 가격은 모두 받은 상태로 생산을 시작하면 됩니다. 제품이 팔리지 않을까 고민할 필요도 없고 재고 걱정은 더더욱 할 필요도 없습니다.

온라인을 통한 주문 제작 방식은 세계적인 PC 업체인 델 컴퓨터의 온라인 직판 방식을 연상시킵니다. 그러나 샤오미는 여기에 막강한 커뮤니티 전략을 더해서 훨씬 더 강력한 기간 한정 선착순 직판 시스템을 만들어 놓았습니다.

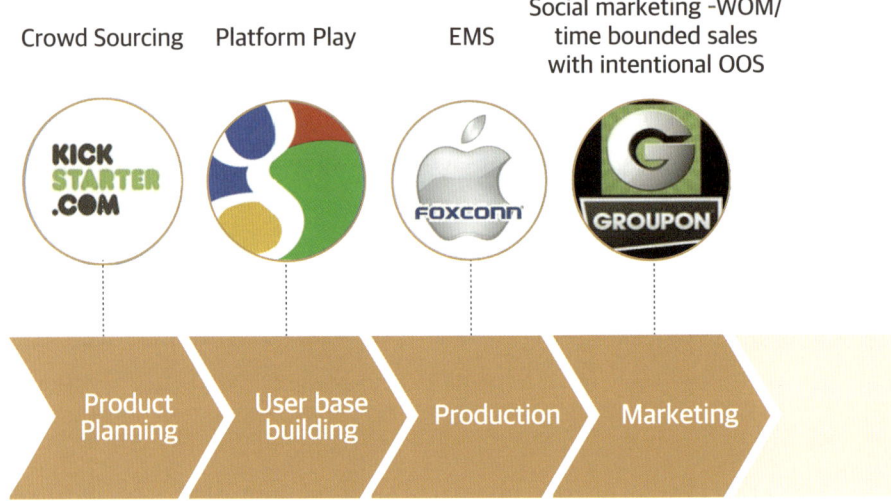

Financial Impact vs. handset industry average

| 3~5% of accurate forecasting and inventory cost saving with faster demand ramp-up | Offer Xiaomi tweaked OS for competitor devices, resulting in +130% user base vs. device shipment | 2~5% of production and inventory cost saving | 5~15% marketing spending saving |

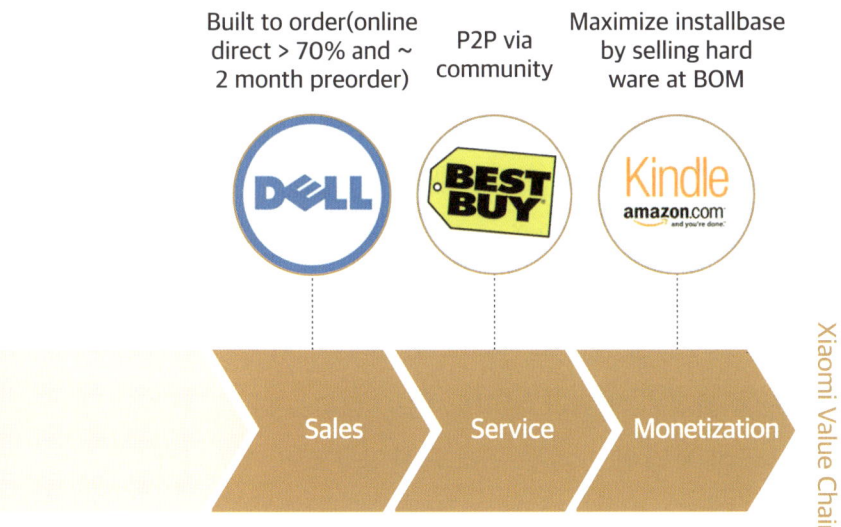

이제 샤오미의 성공 신화는 많은 중화 기업들의 혁신 모델이 되어 빠르게 제2, 제3의 샤오미를 쏟아내고 있습니다. 바야흐로 중화 기업의 공세가 전방위로 시작된 것입니다. 세계 최대의 전자제품 전시회인 CES에는 매년 약 800여 개에 달하는 중화권 휴대폰 제조사들이 참여합니다. 현재 시판 중인 중화권(중국/대만합계)의 휴대폰 브랜드는 대략 104개 정도가 되며, 신판 모델은 총 7,682개. 특히 중국의 심천을 기반으로 활동하는 짝퉁 브랜드, Shanzhai 제조사들의 경우 65개 이상 메이커에서 849개 모델을 쏟아내고 있습니다. 한국 기업들이 승부해야 할 전선의 범위가 넓어도 너무 넓고, 제2, 제3의 샤오미 후보군이 두터워도 너무 두터운 산업구조인 것입니다.

제2의 삼성, 제2의 LG로 순식간에 발돋움할 마이너리그의 후보 선수층이 엄청나게 두껍다는 게 중국의 무서움입니다. 샤오미의 성공은 또 다른 혁신의 기폭제가 되어, 더 공격적이고 진화된 사업 모델이 여기저기서 쏟아져 나오고 있습니다. 문제는 이런 혁신이 한국을 비롯한 외산기업들의 중국 내 발을 딛기가 갈수록 어려운 구조로 진화되고 있다는 데 있습니다. 중화권의 위협은 처음엔 자국 울타리 안에서 글로벌 선진 기업의 무차별적 베끼기로 시작했으나, 이제는 자국의 하드웨어 업체와 서비스 업체 간 독점적 짝짓기로 경쟁의 구도가 빠르게 바뀌고 있습니다. 이에 중국 밖에선 잘 통하던 글로벌 콘텐츠와 서비스를 싹 걷어내고 깡통 하드웨어로만 승부해야 하는 것이 외산기업들의 현실이 되고 있습니다. 예를 들어, 샤오미의 카피캣이라고 할 수있는 원플러스, 메이주는 샤오미보다 더 공격적인 온라인 공략으로 휴대폰 시장의 가격 파괴를 가속화함은 물론, 알리바바는 메이주에 6,500억에 달하는 대대적 투자를 통해 독자 OS, 서비스, 단말이 일체화된 독자적 생태계 구축에 나섰습니다. 또한 중국 휴대폰 5위권 업체인 CoolPad는 치후 360(奇虎360)과 아예 조인트벤처(Joint Venture)를 설립하여, 인터넷서비스와 결합한 특화 단말들을 차별화의 무기로 내세우고 있습니다. 무려 36테라바이트에 달하는 무료 클라우드 저장공간을 제공하는 것으로 유명한 치후 360은 중국의 안철수 연구소라 할 보안업체입니다. 치후 360은 샤오미가 안드로이드 OS를 변형시킨 안드로이드 오픈 소스 프로젝트(AOSP)로 손쉬운 차별화를 이뤘듯이, 구글의 크롬 브라우저를 변형시켜 명실상부 중국의 1위 브라우저로 자리매김하는 업체입니다. 중국은 우리의 수출대상국 1위이자, 최대의 여행 수지 흑자를 거두게 하는 나라입니다. 중국의 파상적인 혁신공세와 지속적인 엔화의 역공 틈새에서 한국만의 혁신 모델로 새로운 답안을 찾아야 할 시간이 얼마 남지 않았습니다.

비지니스 플랫폼 사업 전략

AOSP: 안드로이드 OS에서 구글의 대표적인 서비스인 구글 플레이 어플 스토어, 구글맵, 크롬 브라우저, 지메일 등 구글 모바일 서비스(GMS)를 모조리 뺀 순수 OS

Android OS: 삼성전자 등 대부분의 안드로이드 스마트폰 제조사들이 구글로부터 Android OS와 GMS를 패키지로 받아 각 제조사별로 특화된 서비스와 UI 등을 추가 적용

Google Experience Device: 구글이 안드로이드 OS가 대폭 업그레이드될 때마다, 직접 제조사를 선정하여, 안드로이드 순정품으로 제작하는 Reference Device

대륙의 늑대, 화웨이

 화웨이는 회사 이름부터가 범상치 않은 회사지요. 회사 이름에 담긴 뜻을 우리식 한자로 적어 보면 '中華有爲'. 그 뜻을 풀어 보자면, '중화민족을 위하여 분투한다'는 의미입니다. 이름만 들어도, 중국인이라면 절로 애국심이 고취될 사명이지요. 미국 트럼프와 무역 분쟁에서 화웨이가 왜 중국인들의 애국심을 자극하는지 회사명부터가 자명하게 말해 주고 있습니다.

 화웨이의 회장인 런정페이는 14년이나 중국인민해방군에서 잔뼈가 굵은 군 출신입니다. 군 구조 조정에 따라 강제 전역하고서, 남해석유란 회사에 중간 관리자로 입사하여, 사장 자리까지 오른 능력이 걸출한 인물이지요. 하지만 본인 실수로 회사에 거액의 손실을 입히면서, 다시 퇴사하게 되고, 43살에 직원 5명과 함께 화웨이를 창립했다고 합니다. 대부분의 경력을 군에서 보낸 중년의 사내가 아무 기술이나 제품이 있을 리 없었겠지요. 그러나 군복무 시절의 전문성을 살려, 전화

교환기 시장이 앞으로 유망할 거라는 선견지명으로, 홍콩에서 전화교환기 물건을 떼다 약간의 마진을 붙여 유통하는 대리점으로 사업을 시작하게 됩니다. 전화 교환기 시장이 빠르게 성장하고 고수익 사업이 되자, 제조사에서 일방적으로 제품 공급을 끊게 되고, 이때부터 죽기 살기로 시장의 트렌드를 먼저 읽고, 신제품을 먼저 내놓는다는 화웨이의 DNA가 형성되었다고 알려져 있습니다. 2020년의 화웨이는 글로벌 통신 장비 브랜드 1위, 직원 수 20만여 명, 브랜드 가치만 80조 원에 달하는 무선통신 분야의 절대 강자로 도약하게 되었죠.

화웨이는 IBM 중국에 있어서도 가장 중요한 핵심 고객사 중 한 곳으로, 화웨이는 특히 IBM의 사업 운영 프로세스와 매니지먼트 시스템을 접목시켜, 오히려 IBM을 단번에 추월하는 성과를 창출한 기업이기도 합니다. 일례로, 아예 IBM의 CFO를 화웨이의 CFO로 앉히는 등 화웨이는 벤치마킹하는 회사가 있으면 해당 조직을 아예 통째로 영입하여 이식하는 것으로 잘 알려져 있습니다. 화웨이가 IBM을 롤 모델로 삼아 회사의 운영과 관리 프로세스를 세웠다면, 특히 휴대폰 사업에서는 아예 대놓고 삼성을 롤 모델로 삼아 삼성과 관련된 거라면 뭐든 다 흡수하여 내재화하는 전략을 취했다고 하겠습니다. 삼성전자 무선 사업부 출신이면서, IBM의 컨설팅 리더 중 한 사람인 필자에 대해 화웨이가 관심을 가진 것은 그래서 당연한지도 모르겠습니다. 덕분에 화웨이의 디지털 마케팅과

Online Direct 사업 전략을 수립하고 진행하는 데 참여할 기회가 있었고, 화웨이의 독특한 문화와 뛰어난 임직원들과 함께 일할 수 있었습니다.

'삼성을 이기자', '삼성을 때려잡자', '삼성을 죽이자'. 화웨이의 드넓은 사업장 도처에서 쉽게 발견할 수 있었던 섬뜩하기조차 한 플래카드의 내용입니다. 중국의 문화대혁명 시절을 다룬 영화에서나 봄 직한 시뻘건 바탕에 원색적인 단어로 가득 찬 현수막이라니. 순간 내가 와 있는 이곳이 중국이고, 공산주의의 선전 선동 분위기가 갑자기 확 느껴지면서 정신이 버쩍 났지요. 필자는 이후 그 어떤 회사에서도 이처럼 간결하고 명확한 비전 선언을 본 적이 없습니다. 이렇게 매일같이 삼성 때려잡자고 달려드니, 화웨이가 이미 통신장비 분야에선 삼성을 한참 앞지른 건 당연할 것입니다. 또한 트럼프가 그토록 화웨이 고사 작전을 펼치고 있음에도 2020년 4월, 이제는 삼성을 제치고 스마트폰 부문에서도 글로벌 1위를 달성하기에 이릅니다.

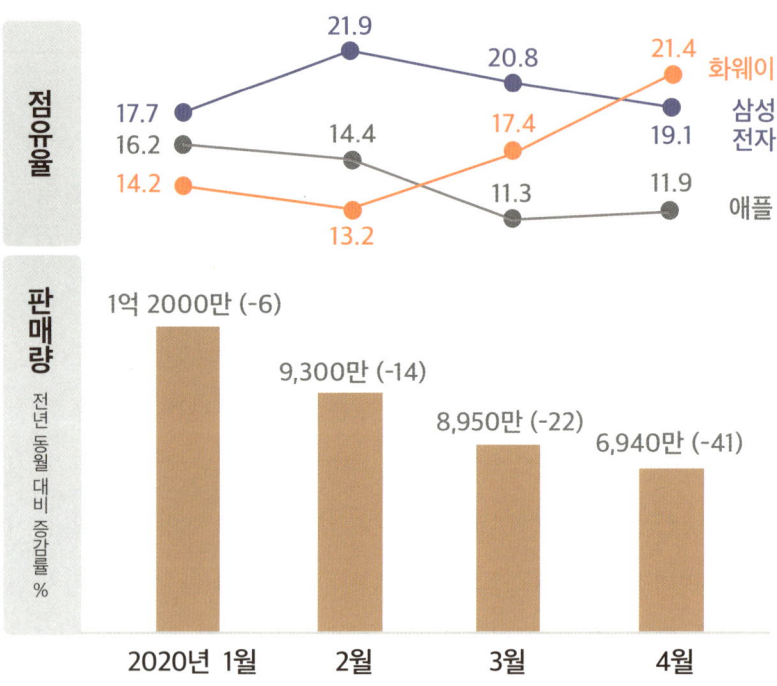

자료_ 카운터포인트리서치, 키움증권

화웨이의 삼성 벤치마킹의 실례로, 삼성이 내부 전문가 컨설팅 조직으로 운영하고 있는 Samsung GSG(Global Strategy Group)를 그대로 본 따 아예 해당 인력들을 통째로 스카우트해 와서 각종 사내 기밀 프로젝트들을 수행할 정도입니다. Samsung GSG는 그 설립 취지가, 삼성의 내부 정치 논리에서 자유롭고 객관적인 전략 프로젝트를 수행하라고 일부러 전원 외국인으로만 구성한 컨설팅 조직으로 알고 있습니다. 한국 본사에서 자연스레 인적 네트워크를 쌓은 인재를 육성하여 각자 고국에 돌아가 해당 국가의 중역으로 성장시키는 등의 성과도 있었지요. 그러나, 현실적으로 한국인들이 삼성에 가지는 만큼의 충성심이 있을 이유가 없다 보니, 경쟁 회사에 좋은 조건으로 이직하기 위해 처음부터 전략적으로 삼성에 입사하는 외국인들도 많이 보게 되는 바, 이런 부분은 삼성그룹도 대책이 필요하지 않은가 염려됩니다.

　화웨이 회장부터가 인민 해방군 장교 출신이라 그런지, 다른 중국의 민간 기업에서는 보기 힘든 상명하복의 일사불란한 군대 문화를 강하게 느낄 수 있습니다. 그것도 한참 교전이 벌어지고 있는 야전 전투부대의 살벌함을 말입니다. 화웨이 만의 독특한 문화를 설명할 때 많은 이들이 공통적으로, 늑대 문화, 야전침대, 로테이션 CEO 체제, 이 세 가지를 꼽습니다. 필자도 다른 어느 회사에서도 찾아보기 힘든 그들만의 강력한 DNA를 이 세 개의 키워드가 잘 대변하고 있다고 생각합니다.

우선, 늑대 문화란 우두머리 늑대의 리드에 따라 자기보다 크고 위협적인 사자, 곰 등 맹수를 집단으로 공격하여 이기고 만다는 협동 사냥 정신을 의미합니다. 또한 스스로 능력을 입증하고 솔선하는 리더만 살아남고 강력한 내부 경쟁체제에서 언제든 교체될 수 있다는 냉정한 현실을 또한 의미하지요. 그런데 런정페이 회장의 개인적인 해석은 조금 다릅니다. 화웨이의 늑대 문화란 '늑대와 같은 후각', '불굴의 의지'를 말하며, 늑대처럼 예민한 시각으로 시장을 선도할 제품 개발을 한다는 의미라 합니다. 회사 설립 초기, 제품 공급이 갑자기 끊어져서 세 번째 실패를 맛볼 뻔했던 유통 대리점 시절의 기억이 회장의 뇌리에 남아 있어서 이런 해석을 내리는 게 아닌가 싶습니다.

둘째로, 군용 야전침대야말로 왜 화웨이가 삼성을 위협하는 가장 강력한 경쟁자임이 크게 확 느껴지는 대목입니다. 흔히들 삼성의 조직 문화를 군대 문화로 표현하던 때도 있었던 것 같습니다. 그런데 화웨이는 군대 문화가 아니라 그냥 최전방 야전부대에 와 있는 기분이 들었던 거 같네요.

화웨이는 특이하게도 최소 두 시간의 점심 시간을 제공합니다. 대부분의 직원들이 간단히 점심을 먹고 서둘러 낮잠을 자지요. 어쩐 영문인지 잘 모르고 이런 것만 보면, '회사가 낮잠 자라고 두시간이나 점심 시간을 주다니 천국이구만.'이라고 생각하겠지만, 많은 직원들이 밤샘을 당연히 여기고, 며칠 동안 집에도 안 들어가고 철야 근무를 일상화한다는 걸 생각하면, 낮에 잠시라도 눈을 붙이라고 하는 건 회사 입장에서 당연한 최소한의 배려인지도 모릅니다. 각 개인의 책상 아래에는 간이침대가, 그것도 진짜 군용 야전침대가 놓여져 있는데, 여기서 매일 낮잠도 자고, 사실상 밤잠도 자기 자리에서 해결하는 셈입니다. 기혼자들도, 아이 엄마들도 저렇게 집에 가지 않는데 가정은 어떻게 지켜지는지 참 신기할 따름이었죠. 화웨이의 급여는 중국의 제조업은 물론 전체 사기업 가운데서도 최상위 수준이고, 특히 고성과자에 대해서는 파격적인 승진과 기본급의 몇 배에 달하는 화끈한 인센티브와 주식 보너스 등이 주어지기 때문에 다른 재테크에 한눈 파느니 회사에서 인정받는 게 더 빠른 재테크라고 생각하는 직원들도 실제로 많이 보았습니다. 또한 화웨이가 단순히 돈만 많이 주기 때문에 열심히 일하는 게 아니라, 내 한 몸 바쳐서 중국의 발전, 중국 인민이 더 잘사는 데 기여한다는 애국심을 이야기하는 젊은 직원들도 쉽게 만날 수 있었습니다. 이런 이야기를 사적인 자리에서 거듭 확인하게 될 때마다 "이게 실화야?" 할 정도로 신기한 경험이었죠. 업무 강도도 삼성에서 일하던 시절에 비해

결코 약하지 않은데다, 절대 업무 시간 자체가 최소 주 6일 정상 근무에 일요일 추가 근무 등으로 압도적으로 길다 보니, 주 5일만 일하는 한국의 IT 기업들이 갑자기 몇 배에 달하는 효율적 업무 성과를 내지 못한다면 중국에 따라잡히는 건 시간문제가 아닐까 하는 걱정이 들기도 했습니다.

아무튼 화웨이의 일사 분란한 강력한 군대 문화는 컨설팅 업체와 일하는 방식에서도 다른 중국 회사들과는 매우 달랐습니다. 중화권 기업들을 컨설팅할 때는, 처음부터 경영진을 만나서 전략적 차원의 큰 이야기들을 먼저 협의하고, 업무 진행에 따른 실무진 협조를 하향식(Top-down)으로 받게 되는 경우가 흔합니다. 처음부터 회장을 독대함으로, 컨설팅 회사에서 말하는 '5 minute elevator test'를 당하기 십상이고, 회장이 던지는 첫 번째 질문에 인상적인 답을 못하면 그 자리에서 망신스럽게 쫓겨 나가야 하는 게 컨설팅팀을 리딩하는 책임자의 운명이기도 합니다. 사실 한국에서 대기업 컨설팅을 하더라도 대부분의 경우 해당 프로젝트를 리딩하는 담당 임원을 겨우 마지막에서나 대면하는 경우가 십상인데 말입니다. 그런데 제가 경험한 화웨이는 다른 중국 회사들과 다르게 보텀업(Bottom-up) 방식을 취하는 경우가 통상적이었습니다. 한국으로 치자면 대리급 직원부터 시작해서 단계적으로 마치 소림 18관문을 돌파하듯이 철저히 아래서부터 위로 협의를 받아 올라가는 구조를 취합니다. 각 단계에서 실무자들의 과도

한 열정으로 컨설팅 결과물이나 제안 사항에 대해, 다소 부당한 간섭도 많이 받게 되는 구조입니다. 컨설턴트 입장에서, 그것도 컨설팅 조직을 이끄는 중역 입장에서, 실무자급에서 이런저런 간섭과 지침을 일일이 받아 제안 사항을 수정해야 한다는 게 꽤 스트레스가 아닐 수 없었지요. 한마디로 '내 맘대로 장표 한 장 못 그리나' 불만이 아닐 수 없습니다. 아무튼 밑에서부터 단계를 밟아 수많은 수정과 변경의 압박을 이겨내야 바야흐로 클라이언트측 임원 보고를 비로소 하게 됩니다. 이때 직원들이 자신의 부서 임원에게 느끼는 엄청난 경외감과 충성심은 거의 전율할 지경이었습니다. 그들에게 임원이란 마치 신을 알현하는 것처럼 엄청난 위계감과 경외감의 대상인데, 나처럼 하찮은 존재가 신 같은 존재와 같은 공간에서 함께 산소를 마셔도 되는지 황공해서 하마터면 숨을 참아야 하나 싶을 정도였으니까요. 한국의 군사 독재 정권 시절, 마치 박정희 대통령 앞에 불려 간 느낌이 이런 걸까 싶습니다. 이런 강력한 위계 질서, 일사 분란하게 한 몸처럼 움직이는 상명하복의 효율성은 IT 분야에서, 특히 하드웨어 제조사의 경우는 분명 강력한 장점이 될 수도 있겠다고 수긍은 갑니다.

화웨이가 컨설팅 업체를 활용하는 데 정말 잘한다고 생각하는 점은, 컨설턴트들을 수시로 직원 교육에 투입하여 파워포인트 장표나 한 뭉치 댕그러니 놓고 사라지는 컨설팅이 아니라, 컨설턴트가 가진 모든 지식과 콘텐츠를 한 방울 남김 없이 모조리 흡수시킨다는 점입니다. 예를 들어, 거의 매주 주말 아침 9시부터 저녁 5~6시까지 열리는 전 직원 대상 교육 워크샵에서 새로운 전문 지식을 전수해야 함은 물론 엄청나게 쏟아지는 수많은 질문과 챌린지를 받아 내고 설득하며 이해를 구해야 한다는 점이지요. 한국의 대기업에서 업무 시간 외 강제로 직원 교육을 했다가는 이제는 큰일나는 세상입니다. 그런데 중국 기업들을 컨설팅하고 교육할 때 놀라웠던 것은 직원들이 주말 내내 무임금 교육을 받으면서도, 단 한 번도 누가 졸거나 딴짓하는 것을 본 적이 없다는 것입니다. 그럴 때마다 중국 고객사 직원들에게 "왜 이렇게 열심히 교육받으세요? 주말에도 나와서 하루 종일 교육받으라고 하면 화나지 않나요?"라고 물어보았습니다. 이 질문을 받은 직원들은 초롱초롱한 눈빛으로 '중국이, 이 회사가, 더 빨리 성장하고 성공해야 중국인의 세상, 중국의 번영이 다시 온다고, 이런 날을 위해 열심히 노력하고 희생하는 건 당연한 게 아니냐'라는 답변을 합니다. 배달의 기수, 국군 방송을 보는 것 같은 기분이지요. 화웨이 임직원들에게서 분명 돈만이 아니라, 회사의 발전을 통해 국가와 민족에 기여한다는 애국애족의 마음이 진정으로 느껴집니다.

화웨이에서 컨설팅을 하는 동안 매년 보게 되는 진풍경이 또 하나 있습니다. 그것은 그 해에 갓 퇴임한 삼성전자 임원들 상당수가 다양한 계약직, 고문직으로 화웨이에 오는 것을 발견하는 것이지요. 삼성도 특히 초창기엔 일본 전자회사들의 퇴임 임원들, 기술자 등을 주말에 초청하여 한 수 전수받았던 시절도 있었다고 들었습니다. 그러니 화웨이가 이렇게 하는 게 전혀 이상할 게 없습니다. 그러나 화웨이의 선진사 벤치마킹은 엄청난 스케일의 투자와 함께 모든 수단과 방법을 동원하여 반드시 우리가 싸워 이기고 만다는 강력한 정신 무장까지 있어 오싹하기까지 했습니다.

화웨이가 글로벌 Top 5 휴대폰 업체로 성장하는 데 있어 철저히 삼성 따라하기 전략을 취했다면, 삼성을 넘어서는 데는 삼성이 한 번도 성공하지 못한 온라인에서 답을 찾았습니다. 화웨이도 2013년까지는 삼성처럼 B2C용 제품을 철저히 유통 채널을 통해서만 판매하는 B2B2C(Business to Business to Consumer) 회사였는데, 중국 본토에는 샤오미라는 걸출한 경쟁사가 나타나 온라인 직판으로 시장 질서를 뒤흔들었던 것이죠. 샤오미의 온라인 직판에 대한 화웨이의 대응은 중저가 중심으로 온라인 전용 브랜드를 만드는 것이었습니다. 여기까지는 이게 뭐 그리 대단한가 할지 모르겠습니다. 필자도 삼성전자 재직 시절, 삼성의 온라인 직판 사업을 기획하고 운영까지 맡았던 적이 있었습니다. 사실 동일한 제품을 각 유통 경로별로 삼성이 정한 가격에 팔리도록 채널을 관리 감독, 운영해야 하고, 기업 고객이란 이유만으로 B2B의 경우는 아예 또 다른 가격 정책을 취해야 하는 등 같은 제품을 놓고 아무리 유통 관리를 잘해도 제조사 직판이란 시작부터가 해서는 안되는 일처럼 힘겨웠던 기억이 납니다. 사업의 전체 가치 사슬에서 유통 단계만 다르게 운영하려는 시도는 이미 수많은 기업들이 가장 흔히 저지르는 실수이고, 숱한 채널 갈등(Channel Conflict)을 일으키며 아무도 성공한 사례가 없지 않나요? 온라인과 오프라인 유통이 경쟁하는 구조가 되어서는, 어떤 판매 조건도 오프라인보다 유리하게 온라인에 제시할 수 없는 구조이니, 온라인은 그저 권장소비자가를 알리는 홍보 사이트에 불과하고, 이런 식으로 운영해서는 모든 매출이 오프라인에서만 일어나는 구조를 바꾸기 어려우니까요.

화웨이는 제조사들이 흔히 하는 식으로 온라인 대응만 해서는 샤오미와의 경쟁에서 살아남을 수 없음을 명확히 인식하고 있었습니다. 온라인에 대한 화웨이의 과감한 용단은 아예 휴대폰 회사를 둘로 쪼개는 과감한 결단으로 시작했습니다. 프리미엄폰 중심의 화웨이 브랜드 사업과 중저가 중심의 Honor라는 온라인 전용 브랜드를 출범하여, 듀얼 브랜드(dual brand) 전략을 구사한 것이죠. 그리고 이 두 개의 사업부는 사실상 완전히 독립된 회사처럼 제품 개발, 상품 기획, 마케팅, 영업 등 모든 조직이 별도로 운영되고 성과급도 별도의 체계를 따랐습니다. 심지어는 철저히 서로를 경쟁자로 인식하여, 두 개의 늑대 무리가 서로를 향해 으르렁대는 형국으로 발전했습니다.

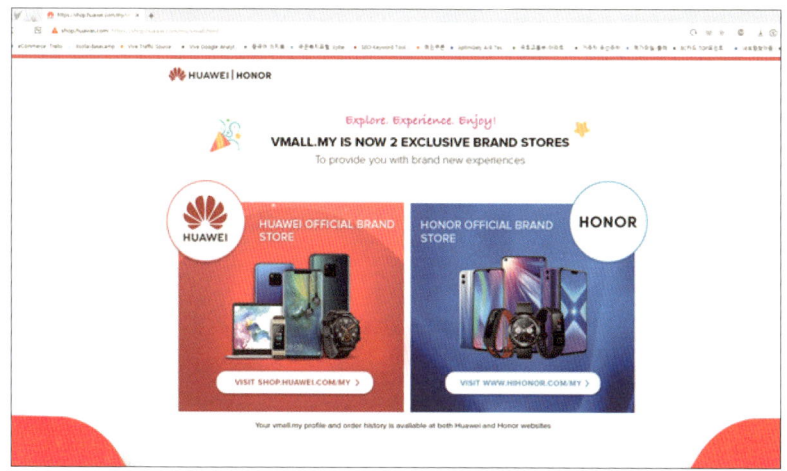

듀얼 브랜드 전략을 취한지 어언 8년여가 된 2020년, 이제 Honor란 브랜드와 Huawei란 브랜드는 사실상 서로의 영역을 거침없이 침범하면서, 마치 하나는 삼성전자요, 다른 하나는 LG전자처럼 완전 별개의 회사처럼 모든 영역에서 아무 제한 없는 사실상의 경쟁사로 무한 경쟁을 펼치고 있습니다. 예를 들어, 두 브랜드는 서로 매칭되는 완전히 동일한 스펙의 제품 라인업을 운영하고 있고, 두 브랜드의 온·오프라인 판매 비중이 이미 거의 차이가 없는 등 서로의 영역을 침범하고 공격하면서 더 강한 브랜드로 각자도생하고 있습니다. 이것 역시 비정하고 거침없는 늑대 문화를 잘 볼 수 있는 상황이라 하겠습니다.

이는 마치 삼성전자가 안드로이드폰 사업은 기존대로 '갤럭시'라고 부르고, 온라인 전용 브랜드는 '안드로메다'라고 부르기로 하고 사업을 성장시켜 오다가 성장의 한계에 다다르자 이제는 서로 영역의 구분 없이 치고받고 경쟁하는 것과 같은 식입니다. 과감하게 서로의 영역을 자유롭게 공격하고 치고 나갈 수 있도록, '안드로메다'폰을 통신사 매장에서 팔고, '갤럭시'를 삼성닷컴에서 판매하는 식의 전략을 화웨이는 펼치고 있는 것이지요.

화웨이는 이제 통신 장비, 스마트폰 분야에서 세계 1위를 석권했을 뿐 아니라, 인텔과 AMD 외엔 유일하게 서버용 CPU까지 만들어내는 회사가 되었습니다. 대륙의 더 강하고 독해진 늑대 무리가 중원을 석권하고, 이제 한반도의 생태계까지 위협할 시간이 눈앞으로 다가오고 있습니다.

Alibaba.com™

O2O의 리더, 알리바바

전 세계적인 코로나 사태로 갑작스레 비대면 디지털화가 모두에게 화두가 되고 있지요. 기존의 오프라인 사업과 프로세스에 온라인을 접목하여 시너지를 내는 O2O의 선두 주자가 누구일까요? 앞서 파트 1에서 설명한 바, 중국은 혁신적인 신사업이 태동하고 성장하기에 이상적인 요건을 고루 갖추고 있습니다. 이런 생태적 특성을 십분 활용하여 성장한 알리바바는 디지털 혁신에 있어 독보적인 글로벌 리더라 칭하기에 부족함이 없습니다. O2O를 알리바바의 마윈이 사용한 표현으로 설명하자면, '신유통', 이 세 글자로 요약할 수 있겠습니다. 알리바바 그룹의 회장이었던 마윈이 신유통에 대해 정의한 다음의 내용을 보면, 한국에서 화두가 되고 있는 4차 산업 핵심 기술들을 이용해서 이를 플랫폼 사업으로 확장시킨 개념임을 알 수 있습니다.

신유통 산업구조

플랫폼 - 결제 - 물류 - 배송의 파이프라인을 하나로 구축
디지털화된 데이터를 활용하여 소비자의 니즈를 파악하고 체험에 초점

오프라인 소매 생태계 전체가 모바일 기반의 온라인으로 연결되고
고객이 언제, 어디서, 어떤 물건을 구매하는지 모든 패턴을 분석해서 새로운 생활 패턴 형성

신유통 플랫폼

AI, VR/AR IoT 등 최신 기술 및 빅데이터를 활용하여 온·오프라인을 뛰어넘는 새로운 쇼핑 경험 제공

제품 통합 | **물류 통합** | **회원 통합**

온라인 플랫폼의 역할

재화, 회원 시스템, 고객 경험의 디지털화

모바일 결제 등을 통한 구매 빅데이터 수집 및 분석

오프라인 플랫폼의 역할

고객과의 물리적 거리 단축

창고, 물류센터, 제품 전시, 체험 공간, CS센터 등 다양한 기능 수행

고객

근거리 배송을 통한 배송 시간의 단축

언제 어디서나 어떤 상황이든 쇼핑할 수 있는 새로운 소비 생활

데이터를 통한 고객의 관심사, 잠재적 니즈, 향후 활동 등을 예측하여 맞춤형 서비스 제공

공급업체

빅데이터를 활용한 실시간 제품 수요 및 재고 파악

유통 손실이 최종적으로 0에 가까워지도록 가치 사슬 리모델링

중간 거래상을 없애고 물품을 직접 거래하여 효율성 및 비용 절감

유튜브 동영상
알리바바가 표방한 신유통의 정의

　O2O의 대표적인 성공 사례로 알리바바가 운영중인 허마센성을 보겠습니다. 허마센성은 한국말로 하마선생이란 뜻이고, 기업 로고로 한국의 '물먹는 하마' 제품이 연상되는 비슷한 로고를 쓰고 있지요.

　허마센성은 이력 관리까지 조회되는 신선한 해산물, 고기 야채 등 신선식품을 소비자가 오프라인 매장에서 직접 골라 QR코드를 찍은 걸로 결제는 물론, 슈퍼마켓이 고객 대신 쇼핑한 물건을 실제로 픽업하고 포장해서, 3km 이내 고객의 집 앞까지 30분 내 배송을 보장하는 메가 슈퍼 스토어입니다. 2016년 1월에 시작한 허마센성은, 2020년 8월 기준으로 벌써 200여 개의 매장을 갖추고 있습니다. 그냥 겉으로 보기엔 한국의 이마트나 롯데마트와 크게 다르지 싶습니다. 그러나 한국의 대형 마트들과의 차별점은 다음과 같습니다.

<u>첫째로, 대형 마트인데 쇼핑카트 없이 빈손으로 돌아다니는 쇼핑객들이 더 많다는 걸 알 수 있습니다.</u> 쇼핑하는데 아무도 물건을 집지도 않고, 빈손으로 그냥 스토어를 돌아다니며, 그저 휴대폰의 카메라를 켜고 물건 앞에 붙어있는 QR코드 스티커를 찍을 뿐이죠. 당연히 굳이 매장을 방문하지 않아도 온라인몰에서 동일한 쇼핑이 가능합니다. 하지만 해산물이나 야채 등 신선함이 생명인 신선식품의 경우, 소비자가 직접 골라서 사고 싶은 건 당연지사죠. 눈앞에서 파닥파닥 뛰는 생선을 담아 달라고 하면, 포장만 해서 공중에 매달린 거대한 컨베이어 벨트를 따라 물건이 배송 차량까지 바로 들어가는 구조로 돌아갑니다. 쇼핑몰의 높은 천장 위에 숨어서 끝없이 돌고 있는 컨베이터 벨트를 보노라면 이게 쇼핑몰인지 거대한 생산 공장 라인인지 착각할 정도입니다. 허마센셩 쇼핑몰 안에는 고객이 직접 고른 식재료로 즉석에서 만들어 준 요리를 로봇이 자리까지 가져다주는 로봇 푸드 코트도 있습니다. 로봇이라고 해서 자율주행까지 하는 거창한 기기는 아니지만, 마치 회전 초밥집처럼 고객이 앉은 테이블 옆으로 로봇 전용 통로를 만들고 여기로 동그란 로봇 청소기처럼 생긴 기기가 고객 테이블의 위치 정보를 인식하여 주문자 테이블까지 음식이 배달되고 빈 접시를 가져가는 식으로 운영됩니다. 모든 주문의

과정 역시 스마트폰 내의 어플 안에서 이뤄진다는 점에서 철저한 비대면으로 운영되는 식당입니다. 이는 코로나 시대를 맞아 글로벌로 당장 확산하기에 매우 현실적이고 구현이 손쉬운 사업 모델이라 하겠습니다.

유튜브 동영상
Freshippo's Robot Restaurant 2.0

이게 뭐 그리 대단할까요? 한국의 대형 마트에서도 두어 시간 내 무료 배송은 기본인데 말입니다. 앞서 설명한 대로 허마셴성의 쇼핑 프로세스는 고객이 전용 어플을 켜고 처음부터 끝까지 이뤄집니다. 이렇게 되면, 어떤 제품을 어디에 얼마나 어느 위치에 어떤 높이와 순서로 진열해야 할지에 관한 데이터를 고객 동선에 따라 실시간으로 쌓을 수 있습니다. 경험 많고 노련한 머천다이저(merchandiser)의 뛰어난 감에만 의존해서 이 거대한 유통 점포들을 최적화하기란 갈수록 난감한 일일 것입니다.

둘째로, 고객의 ID와 실제 매출 정보가 정확히 100% 매칭된 전수 데이터를 통해, 고객의 부분별로 시간대별로 다양한 마케팅, 판촉의 최적화가 가능해집니다. 특히 이 과정이 AI로 자동화된 알고리즘에 따라 시나리오별로 자동 실행된다면, 데이터의 축적, 분석, 변경안의 집행까지 시간 손실(Time Loss)이 전혀 없을 수 있겠죠. 한국의 많은 오프라인 매장들은 여전히 누가 누군지 알 수 없는 매출 데이터를 모으는 데에만 막대한 비용을 들입니다. 게다가 이것은 일일이 사람이 분석하고, 한참 뒤에나 실행 계획을 수립해서 비로소 적용하고 있으니 이미 버스는 떠나고도 한참 뒤인 상황이 아닐까요? 알리바바가 이런 디지털 혁신을 우선 신선식품 매장에 도입한 것은 정말 신의 한수라 하겠습니다. 횟감으로 팔아야 할 생선, 샐러드로 팔아야 할 야채가 못 팔 물건이 되기 전에 실시간으로 자동 최적화되는 세계 최강의 AI 자동화 운영 시스템이 바로 허마 쇼핑몰입니다.

셋째로, 마트에서 대부분의 결제가 고객 혼자 알아서 셀프로 이뤄진다는 것은 비용 측면에서도 엄청난 이득임이 당연합니다. 한국의 대형 마트들이 엄청난 비용을 들여 별도의 셀프 카드 결제 부스를 도입했지만 여전히 카운터 직원들을 유지하고 있는 것에 반해, 허마센셩에선 고객들은 그냥 자기 휴대폰 어플에서 결제만 할 뿐, 물건을 들고 나가지도 않으니, 상품 분실을 걱정할 필요도, 상품을 관리할 필요도 없습니다. 게다가 결과적으로 이런 모든 부대 비용까지 절약이 되니, 영업이익율 측면에서 엄청난 이점이 있습니다.

유튜브 동영상
외국인의 Hema Supermarket 체험 영상

　허마셴성이 하도 인기를 끄니, 중국의 부동산 시장에서도 허마셴성에서 3km 거리 내에 위치한 아파트의 가격이 치솟고 있다고 합니다. 일명 '허세권'이란 용어까지 등장했으니까요. 이렇게 부동산 시장에 지대한 영향을 미치게 된 알리바바가 이제는 직접 부동산 개발에 나선 것도 일리가 있겠습니다.

　그러면 알리바바는 허마셴성을 어떻게 해서 만들어낼 수 있었을까요?

　필자가 삼성전자에 몸담고 있던 시절, 당시 한국의 홈플러스와 제일기획이 가상 점포(Virtual Store)란 콘셉트로 신사업 아이디어를 발표한 적이 있었습니다. 필자는 이를 삼성전자 입장에서 실제 플랫폼 사업화할 수 있을지 검토하는 실무자의 한 사람이었습니다.

유튜브 동영상
홈플러스의 Virtual Store 소개 영상

소개 영상을 보면 알 수 있지만, QR코드를 결제에 적용해서 가상의 스토어를 구현한다는 혁신적인 아이디어가 실제론 한국에서 처음 등장해서 글로벌 혁신상도 수상한 바 있지요. 그러나 안타깝게도 사업화되지는 못하고 그냥 사라져 버리게 됩니다.

한편, 한국의 전자랜드에 해당하는 업체로 중국에는 진둥이라는 회사가 있습니다. 당시 진둥은 중국 전역에 촘촘히 구축한 오프라인 매장을 운영하면서 최고의 물류 시스템을 자체 운영하고 있었고, 여기서 물류를 담당하던 임원이 타오바오에 합류하여 알리바바의 허마센셩을 런칭하게 됩니다. 신선배송이 핵심인데, 물류의 전문가를 택배 회사에서 찾은 게 아니라 진둥의 물류 담당 임원을 직접 모셔 온 이유가 뭘까요? 진둥은 중국의 이커머스 업체 중 유일하게 자체 물류 시스템을 이용하여 직접 배송하는 기업입니다. 이 점은 마치 한국의 쿠팡처럼 로켓배송 물류체계를 독자적으로 구축한 독자 물류 체계의 선발 주자라 할 수 있겠습니다. 전국 8000여 개의 물류 거점을 통해, 가장 빠른 배송은 실제로 4분 내에 고객에 배달할 정도라고 합니다. 심지어 세계 최초로 전 과정이 완전히 100% 무인으로 운영되는 아시아 1호라는 물류센터가 있고, 중국 내 전체 판매 물량의 90% 이상을 24시간 내 배송으로 보장할 정도입니다. 이처럼 경쟁력 있는 독자 물류 체계 구축과 운영에 독보적인 노하우가 있는 기업이 바로 진둥입니다. 중국 기업들의 성공 사례를 보면, 이렇게 해당 분야의 최고 전문가를 모시고 이미 시장에서 검증된 성공 사례(Best Practice)를 바로 적용하고 있다는 것을 알 수 있습니다. 이것이 바로 중국 기업의 전략 실행의 요체라 하겠습니다. 글로벌 전략 개발원(Strategy Firm)에서 제안하는 현란한 이론이나 꿈 같은 이야기에는 사실 지갑을 잘 열지 않고, 지금 시장에서 실증된 아이디어를 벤치마킹하고 실무 전문가를 통째로 데려다 놓고 자신의 조직에 맞게 성공적으로 이식하는 데 집중합니다. 참으로 중국인들은 실리적입니다.

이제 알리바바의 오프라인 매장 혁신 이야기는 뒤로하고, 알리바바의 온라인 사업 이야기를 해 보겠습니다. 타오바오는 한국의 Gmarket, Auction처럼 개인 판매상이 주류로 활동하는 오픈마켓 또는 C2C(Consumer to Consumer)몰 형태라고 할 타오바오로 시작하여, 제조사나 정식 수입상이 직접 유통하는 브랜드몰인 T-mall로 구성돼 있지요. 오픈마켓의 물류는 개별 판매상들이 알아서 삼자물류(3PO)를 통해 배송해야 하는 형태이니, 아마존처럼 자체 물류체계를 구축한 진둥과의 경쟁에서 배송 문제는 고질적인 문제가 아닐 수 없었습니다. 필자도 진둥 같은 브랜드 샵에서 독자 물류로 배송해 주는 사이트에선, 표준화된 깔끔한 포장에 정시 배송이 지켜지는데, 타오바오에선 심지어 몇 개월 뒤에야 조잡한 포장에 담긴 물건을 배송받은 경험도 있습니다. 알리바바도 이런 문제를 해결하고자 4천여 개에 달하는 물류회사와 물류 시스템을 통합·연동·관리하는 Cai Niao 시스템을 도입하게 됩니다. 지배구조도 알리바바의 티몰이 40%, 물류회사들이 60%를 소유하는 상생 협력 구조에 물류회사들에 더 많은 지분을 양보한 것은 전략적으로 참 잘한 결정으로 보입니다.

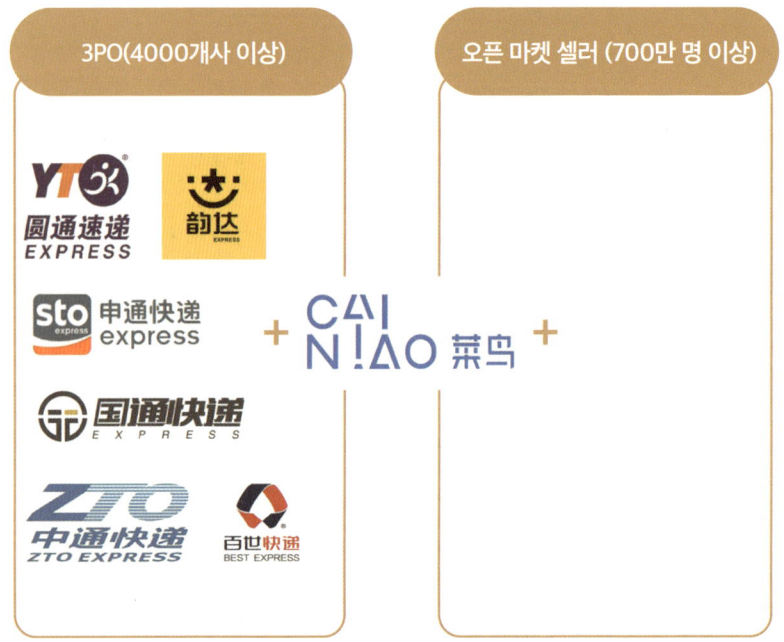

지배구조를 보면 티몰과 물류회사들이 4:6으로 공동 소유하고 있습니다.

양대 B2C몰을 통해, 매년 수십조 원을 11.11일 이벤트 데이, 하루만에 팔아 치웠다고 하는 건 한국 언론에서도 많이 다뤄지고 있습니다. 그런데 이게 대체 우리랑 무슨 상관일까요?

한국 이커머스 1위는 지마켓, 옥션, 쿠팡도 아니고, 명실상부 네이버 쇼핑입니다. 네이버페이로 결제만 이뤄지는 중계 매출까지 더하면 경쟁자가 없을 만큼 압도적인 1위라 하겠지요.

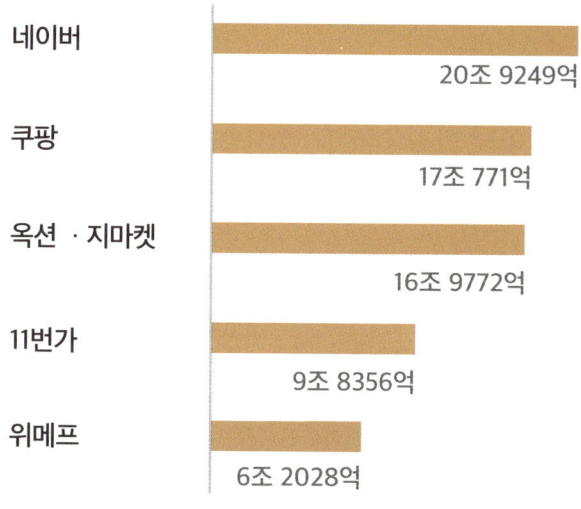

2019년 업체별 eCommerce 거래액
(단위 : %)

- 네이버 20조 9249억
- 쿠팡 17조 771억
- 옥션·지마켓 16조 9772억
- 11번가 9조 8356억
- 위메프 6조 2028억

자료_ 와이즈앱, 와이즈리테일

그리고 그 네이버 지식 쇼핑 안에 2019년 8월부터는 이미 타오바오가 한글화되어 중국색을 싹 걷어내고 토종화되어 들어와 있습니다. 이게 무슨 소리일까요? 네이버 지식 쇼핑에서 당연히 한국어로 키워드를 검색하면, 타오바오의 판매자 상품들까지 한국어로 함께 검색됩니다. 심지어 일부 상품은 네이버페이로 결제까지 할 수 있게 되었습니다. 소비자 입장에선 그냥 중국에서 물건이 오나 보네 정도로만 인지할 뿐 판매자 자체가 중국인이며 중국 직구를 하고 있음을 모를 만큼 중국 직구는 이미 국내 쇼핑과 다름 없이 국내 몰이 되었습니다. 쇼핑몰 Front process만 한국화된 게 아니라, 물류 배송체계도 이미 국내 쇼핑몰과 다름 없는 수준으로 변신하고 있지요. 알리바바 그룹이 인천 보세 창고에 직영 보세 창고를 운영함으로, 일부 품목은 한국에서 아예 물건이 직배송되고, 직구의 최대 불만 사항이던 반품 교환도 즉석에서 가능해졌습니다.

유튜브 동영상
원플러스의 Community 미팅 영상

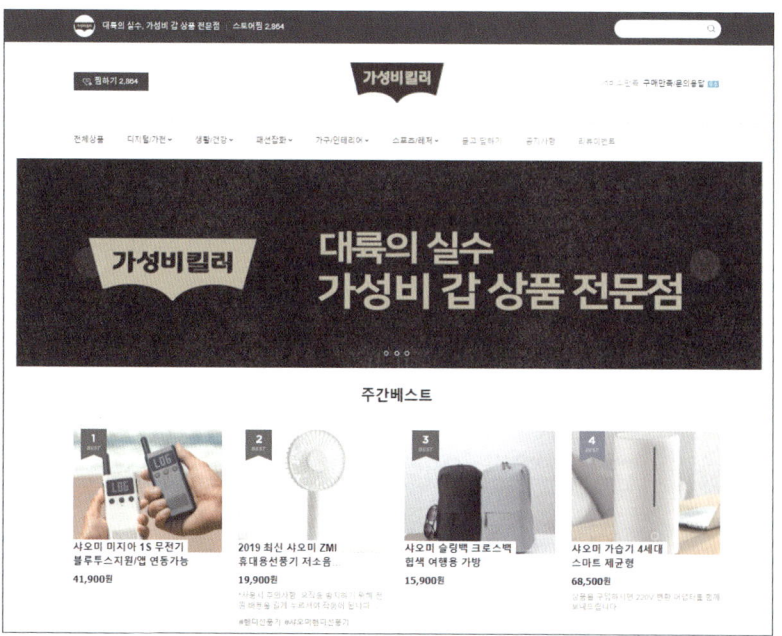

위에 보시는 쇼핑몰은 타오바오가 한국에 들어와서 토종화된 사례입니다. 이 사이트를 보면 내가 지금 직구하고 있다고 느껴지시나요?

그런데, 중국 직구를 써 본 사람들은 느끼겠지만, 어떻게 웬만한 상품은 죄다 무료 배송이 가능한 걸까요?

고가의 제품은 당연히 마진 안에 배송료를 녹여 넣을 수 있으니 놀라울 것도 없지만, 단돈 500원, 1,000원짜리 상품은 무슨 수로 중국에서 한국까지 무료 배송이 가능한 걸까요? 이것도 그냥 대륙의 실수일까요?

중국의 직구가 폭발적으로 늘어나는 이유 중 하나로 제품 자체의 뛰어난 가성비뿐 아니라 무료 배송을 들 수 있습니다. 심지어, 무료 배송인데도 배송 현황이 실시간 조회되고 카카오톡으로 안내도 보내주는 세상입니다. 도대체 중국의 이커머스 업자들은 한국까지 어떻게 무료 배송이 가능한 걸까요?

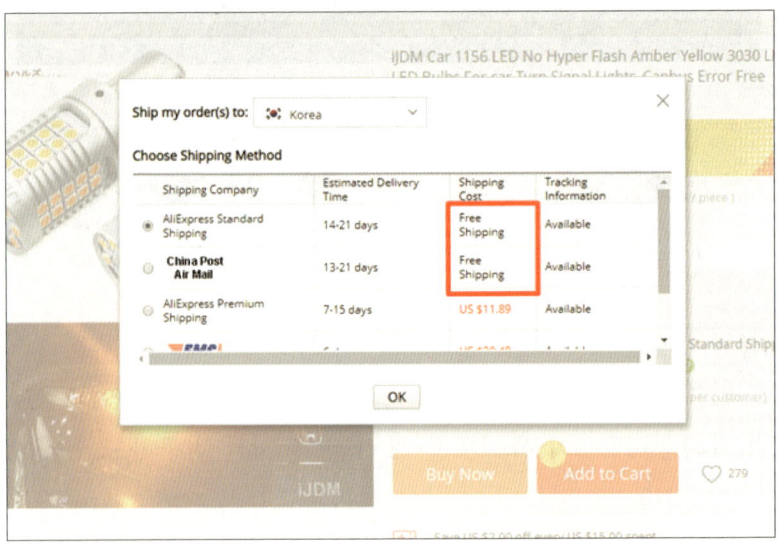

알리바바가 전 세계 이커머스를 석권하게 된 데는 사실 중국에게 일방적으로 유리하게 체결된 국제 간 우편료 체계도 한몫을 합니다. 미국의 트럼프 대통령이 중국과 무역 전쟁을 일으키면서, 이 국제 우편료 체계의 개편 요구를 하게 된 것도 맥을 같이하지요. 만국우편연합(UPU) 우편체계는 총 4개 그룹으로 이뤄져 있는데, 중국은 3그룹에 속하고 미국은 1그룹에 속합니다. 중국 쇼핑족들이 미국 아마존에서 구매하면 중국보다 몇 배나 되는 배송료를 물어야 하는 데 반해, 미국인들이 중국의 알리 익스프레스에서 쇼핑을 하면 기본 무료 배송을 누릴 수 있는 이유가 바로 여기에 있습니다. 실제로 1파운드 무게의 소포를 부칠 경우, 중국에서 미국으로 보내면 2.5달러인 데 비해, 미국 LA에서 뉴욕으로 보내는 것에만 9달러의 요금이 부과됩니다. UPU 협약에 따르면, 국영이든 민영이든 각 나라 우정기관(우체국) 간 국제 우편물 거래 시 합의된 비용 체계로 상위 그룹에 속한 나라들의 우체국이 하위 그룹에 속하는 나라의 우체국에 실비용을 보전해 줍니다. 발송 우체국은 목적지 우체국까지 물품을 운송하는 비용만 부담하고, 실제 목적지까지의 배송비용은 도착국 우체국이 책임을 집니다. 물론 발송 우체국이 손해를 보기 때문에 '배달국 취급비'가 생겨 발송국 우체국이 상대국 우체국의 손실비용을 보전해주는 것이지요. 이 손실비용 보전은 거래 당사국 간 주기적으로 발송과 도착량에 따라 상호 정산합니다. 이 제도로 미국이 중국 무역업자에게 사실상 매년 3억~5억 달러(약 3천600억~6천억 원)의 보조금을 지급한 것과 다름이 없습니다.

한국은 2그룹에 속하니, 중국이 속한 3그룹에 비해 국제 배송료에서 경쟁이 쉽지 않습니다. 한국은 우체국 시스템을 통한 중국과의 교역량이 증가할수록 상대적으로 손해를 보는 구조인 셈이지요. 필자도 간단한 IT기기 액세서리들, 예를 들어 110V용 콘센트 앞에 끼워 쓰는 돼지코 등을 주문할 때는 편안한 마음으로 중국 직구를 택합니다. 물건값 자체도 한국 쇼핑몰의 1/2, 1/3 수준인데다, 아예 배송료가 없어 소액 구매는 부담 없이 중국 사이트로 손이 가는 것입니다. 이렇게 알리바바는 아마존이 진출하지 못하는 시장을 야금야금 넓혀 간 것이라 하겠습니다.

한국 내수 시장에서 중저가 가전의 70%는 이미 중국 브랜드가 석권한 지 오래이고, 중국산 IT 소품들도 이제는 중국 소상공인들이 직접 한국 쇼핑 플랫폼에 연동시켜 직판하는 시대가 되었습니다. 전통적인 온라인 유통 강자, 지마켓, 옥션이 이미 미국 eBay 그룹에 넘어갔고, 세계에서 가장 빠르게 성장하고 있는 중국 직구 시장이 본격적으로 한국 내수 시장까지 넘보고 있는 상황입니다.

차이나 플랫폼의 위협은 중국 시장에 국한되지 않습니다. 알리바바는 동남아의 아마존이라 할 Lazada를 인수하고, 인도네시아의 1위 사업자 Tokopedia의 지분도 확보했지요.

동남아시아 주요 전자상거래 업체

	1위	2위	3위	4위
인도네시아	토코피디아 (인도네시아) 34.3%	쇼피 (싱가포르) 17.5%	뿌까락빡 (인도네시아) 12.9%	알리바바 (중국) 5.6%
태국	알리바바 (중국) 9.3%	라자다 (중국) 5.1%	CP (태국) 3.5%	테스코로터스 (태국·영국) 3.1%
말레이시아	알리바바 (중국) 24.6%	쇼피 (싱가포르) 16.9%	로켓인터넷 (독일) 5.9%	라자다 (중국) 5.4%
베트남	모바일월드 (베트남) 21.7%	티키 (중국) 9.2%	쇼피 (싱가포르) 7.5%	알리바바 (중국) 5.5%
필리핀	쇼피 (싱가포르) 12%	알리바바 (중국) 11.1%	로켓인터넷 (독일) 3.5%	라자다 (중국) 2.5%
싱가포르	큐텐 (한국) 20.6%	알리바바 (중국) 14.7%	애플스토어 (미국) 8%	쇼피 (싱가포르) 6.7%

(2019년 기준)   출처 Euromonitor

이로써 알리바바는 동남아 6개국의 상위 4개 전자상거래 업체 명단에 모두 이름을 올리게 됐습니다. 한국의 이커머스가 내수 시장에만 머물고 있는 사이, 해외 시장은 중국 플랫폼 강자들의 패권 주의가 점입가경입니다.

대만의 자존심, TSMC

삼성전자가 십여 년째 막대한 투자와 지원을 함에도, 1위 사업자의 시장 점유율에 비해 여전히 1/3도 안되는 점유율에 답보중인 사업이 있습니다. 이 분야는 애플, 화웨이, AMD 등 반도체칩 설계만 하는 회사로부터 설계도를 받아 위탁 생산해 주는 파운드리(반도체 위탁 생산업체) 사업입니다. 파운드리 산업의 절대 강자는 바로 대만의 TSMC이고, 대만 IT 산업의 자부심이자 긍지라 하겠습니다. TSMC는 대만 반도체 제조 회사(Taiwan Semiconductor Manufacturing Company)를 약자로 줄여 만든 이름으로, 창업자 모리스 창이 무려 56세에 미국 회사를 은퇴하고 대만에 돌아와 설립한 회사입니다. TSMC는 대만 정부가 민관 협력으로 이뤄 낸 대표적인 성공 사례로, 파운드리라는 업을 처음 창안한 모리스 창이 대만에 와서 회사를 설립하도록 대만 정부가 사실상 모든 지원을 했습니다. 압도적인 선도 사업자인 TSMC 입장에서 삼성전자는 절대 경계 대상 제1호로, 다른 IT 회사들과 달리, 필자처럼 전직 삼성전자 출신의 컨설턴트는 민감한 프로젝트 참여는 물론, 사업장 내 절대 출입이 금지되는 등 보안이 철저한 것으로 유명합니다.

TSMC와 몇몇 단기 프로젝트를 통해 느끼고 배운 바를 정리하자면 다음과 같습니다.

먼저, 세계에서 가장 초미세 반도체를 만드는 회사답게 시간 관리도 미세하게 분 단위로 이뤄집니다. 어느 회사에서나 흔히 보는 워크숍이나 사내 교육을 예로 들어 보겠습니다. 필자는 어떤 해에 디지털 이노베이션(Digital Innovation)을 주제로 TSMC 주최 지식 포럼에 강연자로 참여할 기회가 있었습니다. 이때 매일 아침 8시부터 6시까지 진행되는 다양한 강연은 짧은 건 10분, 긴 건 15분으로 엄청나게 촘촘하게 배정돼 있다는 게 우선 인상적이었습니다. 하나의 주제로 10분을 발표한다고 합시다. 일단 발표자도 쓸데없는 군소리는 한마디도 할 여유가 없지요. Get to the point! 한마디로 핵심을 찌르는 이야기만 하기도 벅찬 시간입니다. 그리고 발표 시간보다 긴 질의응답 시간이 이어집니다. 하나하나 송곳처럼 날카로운 질문들뿐이고, 제대로 이해될 때까지 또 질문, 그리고 이에 따른 반박 질문이 이어짐에도 불구하고 끝으로 하루 종일 이런 식으로 초단타 강좌가 이어지는데도, 기가 막히게도 6시 정각에 행사가 종료된다는 것이 정말 인상적이었습니다. 일상 생활마저 이처럼 초미세공정 관리처럼 하니, 달리 반도체 최강자가 아닐까요?

두 번째 잊지 못할 기억은 매일 지하철과 고속철을 갈아타고 혼자 출퇴근하는 회장님입니다. 몇 차례 지하철에서 그와 마주쳐서 TSMC까지 같은 열차로 출근할 기회가 있었습니다. 외국인인 필자가 알아봤을 정도면 꽤 많은 대만인들도 쉽게 알아볼 텐데, 아무도 티내지 않고, 회장님이라고 자리를 양보하지도 않습니다. 붐비는 출퇴근 시간인 만큼 열차 안 대부분의 시간은 자리에 앉지도 못하고, 그도 묵묵히 서서 출근하는 통근자의 한 사람일 뿐이죠. 세계 최고 기업 회장님 모습이 이럴진대, 운전사나 비서를 상대로 한 갑질로 불명예 퇴진이 종종 벌어지는 한국 실정을 생각해 보면 절로 마음이 숙연해집니다.

htc

스마트폰의 창시자, HTC

HTC는 한때 대만 GDP의 두 자릿수 %를 차지할 정도로 대만 경제와 산업에 미치는 영향력이 막중했던 회사 중 하나였습니다. 지금의 스마트폰이 있기 전에, HTC는 Palm Pilot의 제조사였고, 최초의 안드로이드 스마트폰을 만들었으니 안드로이드 시장 점유율 100%의 회사였다고 하겠습니다. 한마디로 한국에 삼성이 있다면, 대만엔 HTC가 있다고 할 수 있겠지요. 그러던 HTC의 휴대폰 사업은 왜 갑자기 망가졌을까요? 십여 분기 연속으로 전 분기 매출의 반토막 실적을 거듭하여, 이제는 최전성기 대비 매출의 5%도 안되는 지경까지 쪼그라들었으니, 마치 중환자실에서 산소호흡기를 꽂은 채 이제는 자가 호흡이 불가능한 수준에까지 이른 건 아닌가 싶어 안타깝습니다.

HTC의 몰락이 시작된 계기를 경영학적으로 풀자면, 부품부터 세트까지 수직계열화가 안된 기업의 한계, 또는 최소한 핵심 부품의 공급사 다변화를 등한시한 기업 리스크의 전형이라 하겠습니다. HTC는 삼성이 만든 아몰레드라는 아주 독특한 스크린 부품을 처음 채택하여, 스마트폰을 프리미엄 시장에 안착시킨 장본인입니다. 또한 삼성이 반도체 개발은 다 해 놨는데 어디 팔 데가 마땅치 않았던 낸드 플레시 메모리를 대량으로 소비하여 삼성 부품 산업의 원투 펀치를 만들어 준 장본인이기도 합니다. 그런데 어느날 갑자기 삼성에서 아몰레드 공급이 여러 사정으로 중단됨으로 전체 휴대폰 사업이 일시에 셧다운돼 버리는 상황에서 어느날 갑자기 위기가 찾아왔습니다. 이는 부품부터 완제품까지 수직 통합(vertical integration)을 이뤄 낸 삼성전자만이 누릴 수 있는 강력한 경쟁 우위기도 하지요. 아무튼 삼성의 의도적인 공급 중단은 아니었으나, 결과적으로 특정 공급사 한곳의 부품에 회사 전체의 운명을 맡긴 HTC의 경영 전략상의 패착이었다고 하겠습니다.

[VR EXPO] "VR, B2B의 역할이 중요한 시점" 앤디 김 HTC VIVE 부사장

2017.03.09 19:30

수익화, 돈을 벌기 위한 노력은 맨 꼭대기에 위치한 콘텐츠 제작 업체들보다 하드웨어를 만드는 개발사들에게 더 중요한 문제가 될 전망이다.

출처_www.inven.co.kr/webzine/news/?news=173927

HTC 경영진에 합류하게 된 계기

필자가 IBM의 컨설턴트로 대만을 방문하게 된 것은 매우 우연한 계기였습니다. 휴가를 막 떠난 당일, 갑자기 IBM 대만 영업 쪽에서 연락이 왔습니다. 내용인즉 휴대폰 관련 전문가를 모셔다 HTC 경영진과 프로젝트를 수주하기 위한 미팅을 하고 싶은데, 내일 당장 타이베이로 와 줄 수 있겠냐는 요청이었죠. 모처럼의 휴가를 막 떠나와서 숙소에 체크인을 하려는 찰나인데, 아무 준비도 없이 다음 날 새벽에 결국 비행기에 오르게 되었고, 어떤 주제로 미팅을 하는지는 정작 HTC 본사에 도착해서야 알 수 있었습니다. 도착해서야 상황을 파악해 보니, 황당하게도 주제는 '콜센터 혁신 및 아웃소싱'이었고, 주제에 걸맞지 않게 글로벌 전략 컨설팅 회사들을 위주로 총 8개 사가 초청되어 경쟁 PT를 통해 계약사를 선정하는 내용이었습니다. 오전 10시부터 대기해서 비로소 내 차례가 된 저녁 8시까지, 스탠바이 상태로 벼락치기로 발표 내용을 준비하다가, 드디어 HTC 경영진이 있는 회의실로 들어가게 되었죠. 2015년 초만 해도 HTC의 매출은 연간 5조 원 수준으로, 마치 뉴욕의 한 미술관에 와 있는 착각을 불러일으킬 만큼, 고가의 예술 작품으로 가득 찬 화려한 오피스를 자랑하던 시절입니다. 아무튼 거의 10시간 이상을 대기한 덕분에 어느 정도 관심을 끌만한 이야깃거리를 준비할 수 있었던 것은 결과적으로 행운이었습니다. 경영진 회의실에 들어서니, 책상 위에는 그들이 하루 종일 미팅하느라 겨우 끼니를 때웠음을 보여 주는 도시락 잔해들과 하루 종일 뿜어낸 고농도 이산화탄소의 열기로, 한눈에 참석자들이 얼마나 피로에 찌든 하루를 보냈는지 알 수 있었죠. 아무튼 의연하게 노트북을 빔프로젝터에 연결하고 자기소개부터 하려는데 아무도 주목해 주는 사람조차 없는 황당한 상황이었습니다. 그런데 딱 보기에도 저 사람이 회장이구나 싶은 강력한 포스가 느껴지는 사람이 있었습니다. 그분이 바로 창업자이자 여회장인 쉐어 왕(Cher Wang)입니다. 왕 회장은 저를 힐끔 보더니, 아주 간결하고 냉냉하게 이렇게 말을 건넵니다. "당신 소개니, IBM이 어쩌구 하는 소리는 됐고, 우리도 하루 종일 피곤하고 지쳤다. 딱 5분을 줄 테니, 우리가 왜 당신 이야기를 들어야 하는지 한 번 말해 봐라." 이게 전략 컨설팅에서 말하는 클라이언트의 전형적인 Elevator Test입니다. 무려 10시간 가까이를 배를 쫄쫄 굶고 기다려서 나에게 주기로 했던 90분의 시간 대신, 앞뒤 절미하고 딱 5분 줄 테니, 영양가 있는 소리를 해 보란 주문입니다. HTC의 경우, 절대 매출 비중이 북미에 집중돼 있었던 만큼, NFF Return 이슈를 화두로 던졌습니다. NFF Return이란 No Fault Found Return의 약자로, 북미 휴대폰 유통 채널의 절대 비중을 차지하는 통신사 매장에서 고객들이 휴대폰을 사간 후에, 제품에 이상이 있다고 주장하면 묻지도 따지지도 않고 그냥 반품, 환불, 교환해 주는 시스템을 말합니다. 이 시스템은 기업의 입장에서 한 가지 중대한 문제를 일으킵니다. 이렇게 반납된 휴대폰들을 제조사들이 수거한 후 테스트해 보면, 결국 아무런 문제가 없는 경우가 허다합니다. 교환과 환불로 인해 기업은 막대한 비용이 발생합니다. 당연히 NFF Return은 휴대폰 제조사들에게 가장 골치 아픈 문제로, 막대한 리사이클링 비용이야말로 휴대폰 업체들이 수익을 발생시키지 못하게 하는 가장 결정적인 이유 중의 하나라 하겠습니다. 10여 시간을 대기하면서, 나는 HTC가 이런 NFF Return 때문에 휴대폰 한 대당 얼만큼의 비용이 발생하고, 이것이 회사의 영업이익률에 얼마나 영향을 미치는지 계산해 볼 시간이 있었습니다. 이에 필자가 추정한 숫자를 듣고, HTC CFO가 어떻게 그렇게 정확한 숫자를 알고 있는지 깜짝 놀라는 것으로 일단 주목을 받았습니다. 아무튼 이 문제를 통신사와 제조사, 그리고 제조사의 외주 리사이클링 업체, 3단계 구조로 해결하자면, NFF Return 비용을 획기적으로 줄일 방법이 있을리 만무합니다. ASP 300달러짜리 휴대폰 하나를 팔아서 HTC 같은 제조사는 대당 몇 달러의 이익을 내기도 버거운 게 현실입니다. 그런데 NFF Return으로 휴대폰을 리사이클링하는 비용은 대당 200달러는 쉽게 넘어설 수 있으니, 북미에서 휴대폰을 팔아야 하는 휴대폰 제조사 입장에선 생존에 절대적인 위협이 아닐 수 없지요. 저는 이 문제를 소셜 분석(Social Analytics)과 AI 기술을 활용, 반품 의사를 가진 고객을 선제적으로 찾아내서, 잠재적인 문제를 자동화된 솔루션으로 해결해 주는 일련의 시나리오를 제안했고, 몇 번의 후속 제안을 통해 마침내 IBM 대만 역사상 전략 컨설팅 단일 매출로 기록적인 프로젝트를 수주하게 됩니다. 이른바 향후 3년에 걸쳐 진행된 디지털 트랜스포메이션 프로젝트의 시작인 셈이죠.

그리고 프로젝트를 진행하는 중간에, 왕 회장님의 요청으로 저는 디지털 마케팅, CIO(Chief Information Officer), 온라인 직판을 책임지는 임원으로 합류하게 됩니다. 저의 직장 경험에서 가장 많은 구조 조정과 변화를 주도적으로 이끌어야 하는 위치에 있었기에, 그 어느 때보다 챌린징한 시간을 보냈다고 기억됩니다. HTC가 휴대폰 사업에선 사실상 핵심 인력과 기술을 구글에 넘기고 정리 수순으로 가는 셈이지만, 가상현실이라는 새로운 먹거리를 찾아 재빠르게 회사의 주력 분야를 바꾼 것은 왕 회장에게 뛰어난 리더십이 있었기에 가능했다고 하겠습니다. 다만, 야심차게 시작했던 Vive 가상현실 사업에 관해서는, 사실상 VR 부문 매출 전 세계 1위를 달성했음에도, 시장 규모가 너무 작고, 더디게 성장하는 탓에 여전히 어려움을 겪고 있는 상황이라서 안타까운 마음입니다.

아무튼 HTC가 가상현실 사업에서 Oculus라는 막강한 선발 주자가 있었음에도, 후발 주자로서 시장 판도를 뒤짚을 수 있었던 데는, Vive-X라는 생태계 협력 프로그램이 특히 주요했다고 하겠습니다. 무엇보다 아시아의 H/W 제조사가 주도하는 startup accelerator 프로그램 중에는 아마도 가장 성공적인 사례가 아닌가 합니다. HTC의 생태계 협력 신사업 발굴 노하우는 '파트 4'에서 다루기로 하고, HTC에 대한 이야기를 마치고자 합니다.

"VR의 미래 비즈니스 모델은 전자상거래"

2017.03.09 17:10

"가상현실(VR) 기술은 이제 체험 수준에서 벗어나 본격적인 수익 모델을 추구해야 한다. 전자상거래·소셜·지도가 그 시작이 될 것이다."

출처_www.newspim.com/news/view/20170309000254

OPPO

vivo

1+ ONEPLUS

휴대전화 삼합회,
오포/비보/원플러스

중국에서 샤오미 돌풍이 시들해진 후, 혜성처럼 나타난 브랜드가 바로 오포와 비보입니다. 두 회사는 중국 BBK그룹이 대주주인 자매 회사이고, 오포는 다시 자회사로 원플러스를 소유하고 있습니다. BBK그룹에는 손자 회사가 되는 셈으로, 이 세 회사가 사실상 한 회사인데 제각각 휴대폰 사업을 하고 있다는 게 독특합니다. 한 집에서 다 하지, 그룹사 안에 휴대폰 회사가 3개나 되다니요.

BBK그룹은 중국 회사 중에서도 특이한 몇 가지 전략으로 레드오션 중에서도 가장 블러디한 스마트폰 시장에서 화웨이, 샤오미와 함께 Big3로 성장했습니다. BBK그룹은 다른 휴대폰 회사와 어떤 점이 다를까요?

　첫째는 BBK그룹은 중국 휴대폰 회사 중 전국 오프라인 유통 대리점이 가장 많은 회사입니다. 후발 주자가 이렇게 된 데는, 대리점주를 회사 주주로 끌어들이는 진정성 있는 '상생 정책'을 펼쳤기 때문입니다. 주주가 된 대리점을 레버리지해서, 사실상 줄 돈을 더 늦게 주고, 외상으로 거래를 확대한 것이 회사 외형을 키우는 데 큰 도움이 되었다고 합니다. 전 직원들에게도 입사 1년이 되는 날에 4년 후 무조건 행사 가능한 스톡 옵션도 부여합니다. 그런데 특이하게도, 중간에 퇴사해도 이 스톡 옵션을 반납할 필요가 없고, 언제든 행사가 가능하다고 합니다. '이런 회사가 세상에 있다니'라고 생각하겠지만, 그런 회사가 바로 중국에 있습니다.

둘째로, BBK그룹은 스마트폰 사업을 이제 막 시작하는 단계부터 철저하게 선진사 글로벌 벤치마킹을 했습니다. 대부분의 중국 IT 회사들의 출발점은 항상 철저한 벤치마킹에서 시작한다는 것을 많이 목격하게 됩니다. 덕분에 비보·오포의 초기 사업 전략 수립과 실행에 관련된 프로젝트에 참여할 기회가 있었습니다. 그러나 겉보기엔 한국의 중소기업 수준의 회사가 도대체 어떻게 IBM의 글로벌 컨설팅팀의 비용을 감당하겠다는 건지 의아하기도 했던 게 사실입니다.

화웨이 편에서 설명한 대로, 중국 기업들이 컨설팅 업체를 활용하는 데는 한국 기업들과 몇 가지 다른 점이 있습니다. 하나는 중국인들의 실용주의적인 생각 때문인지, 시장에서 검증되고 실행에 성공한 케이스를 실제로 경험해 본 경험자들을 컨설턴트로 받아들입니다. 이들을 통해 자사 상황에 맞게 타사의 성공 모델을 변형, 발전시키는 현업 전문가 컨설팅을 주로 활용하지요. 특히 이런 실행에는 이를 가능케 하는 다양한 IT 솔루션의 접목과 실제 실행해 본 현업 전문가들의 경험이 중요하다는 걸 잘 알고 있습니다. 이러다 보니, 그냥 파워포인트 수백 장으로 끝나는 이론·컨셉 기획만 하는 추상적인 컨설팅에는 좀처럼 지갑을 열지 않습니다.

그리고 중국 공산당이 강조하는 신기술, 신사업에 관련된 주제의 경우에는 중앙 정부와 지자체의 예산이 매칭 펀드로 제공되기 때문에, 프로젝트 예산을 깎으려 하기보다는 오히려 더 부풀리고 과제를 추가할 게 없는지 고민하는 경우도 보게 됩니다. 컨설턴트로서는 행복한 고민이 아닐 수 없지요. 해 볼 수 있는 걸 다 해 볼 수 있어서, 별거 아닌 전략 기획 프로젝트도 쉽게 수십억의 예산이 넘어가는 경우가 있습니다.

BBK그룹이 어떻게 휴대폰 사업에 비집고 들어가서 삼강 체제를 이룰 수 있었는지, 특히 어떻게 샤오미의 대항마로 떠오른 원플러스를 설립하게 되었는지 살펴보겠습니다.

원플러스는 무려 2013년에, 오포의 임원이었던 피트 라우(Pete Lau)가 나와서 설립한 완전 신생 벤처기업입니다. 원플러스는 샤오미와는 또 다른 Social-driven Innovator의 모델로 차별화를 이뤄 낸 성공적인 벤처기업이죠. 우선 열혈 팬으로 이뤄진 팬 커뮤니티가 사실상 회사의 전 프로세스를 차별화시키는 원동력이란 점은 샤오미와 비슷합니다. 열혈 고객들이 자발적으로 출시 제품의 버그 해결은 물론 신제품 출시를 위한 상품 기획에 원플러스 상품 기획자들과 한 팀처럼 일을 한다는 것도 샤오미를 깊숙이 모방한 모델입니다.

 **유튜브 동영상**
원플러스의 Community 미팅 영상

특이한 점이라면, 샤오미보다 더 강력한 최고 스펙의 최저가라는 극가성비를 무기로, 최신상폰은 구매 초대권을 받은 사람만 구매할 수 있는 독특한 마케팅 전략을 구사하고 있다는 것입니다. 예를 들면 주변에 원플러스폰 사용자를 찾아서 지인 추천으로 커뮤니티에 가입해야 하고, 일정 이상의 활동과 기여로 포인트를 쌓아야만 비로소 휴대폰을 구매할 특전을 제공하는 식입니다.

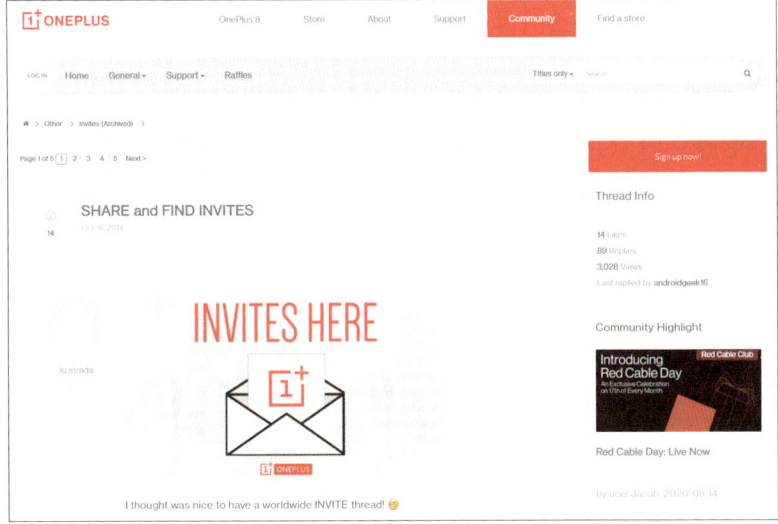

이런 식으로 잠재 고객을 안달나게 해서 저절로 마케팅을 가능하게 하는 방식으로 성공한 사례를 구글도 가지고 있습니다.

Gmail이 처음 런칭된 2004년엔 전 세계적으로 Hotmail이 대세였던 시절이었죠. 지금 보기엔 초라하지만 당시로선 충분했던 기본 10mb 용량을 무료로 제공해서 선풍적인 인기를 끌었죠. 그런데 100mb를 제공한다는 명분으로 월정액제를 표방하여 수많은 유저들의 공분을 사던 바로 그 시점이었습니다. Gmail이 갑자기 나타나서 모든 걸 무료로, 그것도 1GB라는 당시로서는 죽을 때까지 써도 다 못 채울 것 같은 엄청난 용량의 메일 서비스를 제공한다니, 엄청난 뉴스가 아닐 수 없었습니다. 그런데 Gmail에 가입할 수 있는 유일한 방법은 이미 Gmail을 사용하고 있는 누군가로부터 초대를 받는 것이었습니다. 여기에 어려움이 있었습니다. 필자도 당시에 주변 지인 중에 Gmail을 쓰는 사람이 없는지 사람만 보면 묻고 다닐 정도였으니, Gmail은 돈 한 푼 쓰지 않고 엄청난 소셜 바이럴을 일으켰고, 역사상 가장 성공적인 IT 기업의 마케팅 케이스로 두고두고 회자되는 사례가 되었습니다.

원플러스의 유튜브 홍보물을 찾아 보면, 드디어 원플러스를 구매할 수 있는 초대권을 받은 사람들이 너무 행복해서 눈물까지 흘리는 영상을 쉽게 볼 수 있습니다. 원플러스의 마케팅은 소셜 바이럴의 교과서라 할만합니다.

원플러스는 특히 안드로이드 기반인 휴대폰의 OS를 사용자가 마음대로 변형하고 수정할 수 있게 함으로 20~30대 남성, 엔지니어들에게 특히 각광받는 브랜드로 빠르게 자리를 잡을 수 있었습니다. 이것이 인도에서 원플러스가 심지어 샤오미를 누르고 1~2위를 다투는 브랜드로 부상한 이유입니다. 중국 IT 기업들의 성장이 무서운 이유는 한국의 기업 성장 공식에는 존재하지 않았던 전혀 다른 사업 모델과 차별화로 새로운 성공 방정식을 만들어내고 있다는 점이라 하겠습니다.

Goertek

음향분야 빅3, 고어텍

OEM으로 전자기기 완제품을 조립·생산하는 EMS(Electronics Manufacturing Service) 회사들 가운데 애플의 OEM 업체로 잘 알려진 회사로는 대만 기업 Foxconn이 있습니다. 고어텍은 EMS 가운데서도 특히 음향 사업에 특화하여, 초소형 반도체칩 하나로 구동되는 MEMS Microphone에서부터, 음향 관련 부품에서 완제품까지 제조하는 음향기기 EMS 분야 세계 3대 업체 중 하나입니다.

고어텍은 특히 2008년 회사가 상장된 이래, 글로벌 코로나 사태가 터지기까지 매년 40% 이상 매출 성장과 두 자릿수 이익률을 유지해 온 전 세계에서 가장 빠르게 성장하는 H/W 제조사 중 한 곳이기도 하지요. 회사가 비약적으로 성장하게 된 중요한 계기가 삼성의 3D TV에 들어가는 3D 안경을 납품하게 된 것을 들 만큼, 한국의 삼성전자를 핵심 롤 모델로 벤치마킹하는 회사입니다.

고어텍처럼 단기간에 폭발적으로 성장한 많은 중국 대기업들은 각 계열사들을 완전한 독립 회사로 보고, 폭넓은 자율 독립 경영을 하고 있습니다. 모기업이 매년 투자와 성과 평가를 하는 것 외엔 사실상 아무 간섭도 하지 않고, 계열사의 대표들이 각자 완전한 독립체로 사업을 운영하는 셈입니다. 고어텍의 신사업 부문과 Startup Acceleration 사업을 맡은 필자도 대기업의 임원이 되었다는 느낌이 아니라, 회장님에게 투자를 받아 회사를 설립하고 운영 성과를 나눈다는 느낌을 강하게 받을 수 있었습니다. 마치 중국의 봉건 왕조 시대에, 황제는 사실상 본인이 머무르는 수도만 관할하고, 나머지 광대한 제국의 땅은 각 지역의 왕들이 자율적으로 알아서 다스리는 것 같은 느낌이랄까요. 그래서 중국의 대기업 집단, 특히 단기간에 고성장을 이룬 회사들을 보면 창업 공신이라 할 인물들이 각 계열사들을 P&L상으로만 독립된 게 아니라, 완전히 자율적으로 운영되는 계열 구조를 가지고 있습니다.

중국 OEM 강자들의 성공에는 중국 공산당, 특히 지방 정부의 선택과 집중에 따른 엄청난 지원이 큰 몫을 차지합니다. 공산당 소유인 무상의 토지 위에, 공산당이 세워 준 사무실과 공장을 무상으로 사용할 수 있는 것은 외자 기업들이 중국에서 꿈도 못 꿀 기본 특혜지요. 여기에다 한국의 60~70년대 임금 착취보다 더한 고용 착취 구조를 공산당이 막아주고 보호하고 합법화해 주는 구조는 공식적으론 부인하고 싶지만 실질적인 핵심 경쟁력이기도 합니다. 예를 들어, 열심히 일하면 누구나 한 달에 200만 원은 벌 수 있다고 선전하면서, 특히 농촌·벽지에서 순박한 10대~20대 중후반 사이 인력을 집중적으로 뽑아서 열악한 공동 기숙사 생활을 하게 합니다. 이들은 매일 새벽 4~5시에 기숙사에서 출발하여 거의 자정이 되어서야 기숙사로 돌아갈 수 있는 생활에 투입합니다. 처음 약속한 급여 수준은 숙련 노동자가 사실상 일년 내내 주 7일 일해야 가능한 임금 수준으로, 이를 못 견디고 6개월 내 퇴사 시 아예 그간의 임금을 전혀 지불하지 않는 경우도 중국 EMS 업계에서 드물지 않게 벌어지는 현실입니다. 공장 자동화가 갈수록 고도화됨에 따라 점점 더 저임금 비숙련 인력으로도 충분히 공장 가동이 가능하여, 수요에 따라 언제든 수만 명을 새로 뽑았다가 즉시 해고하는 높은 고용의 유연성이 중국 EMS 업계의 경쟁력이기도 합니다. 일례로, 어떤 초대형 EMS 업체의 경우, 공장 수요 예측 실패로 너무 많이 잘라낸 공장 노동자 문제로, 사무직 직원 가운데 40세 미만이고, 직급상 부장급 이하

인력은 모조리 차출하여 공장 생산 라인에 강제로 투입하기도 했습니다. 그리고 사무직 직원들에게는 3개월 내에 본인을 대체할 공장 노동자를 스스로 찾아내지 못하면, 3개월치 노동자 월급을 맘대로 삭감하기도 하는 노동 현실은 척박하기만 합니다. 아무튼 중국에 생산 기반을 옮겨 오려는 외국 업체라면, 처음부터 공평한 경쟁이 불가능하니, 독점적인 기술력이 없는 한 들어올 생각을 아예 하지도 말아야 하는 게 정답일 것 같습니다. 한국 사람들이 기존 연봉의 몇 배를 올려주고, 자녀를 국제학교에 보내준다는 등 꿈 같은 계약 조건을 받고 중국 회사에 입사하는 경우도 종종 보게 됩니다. 그런데 계약서는 그냥 휴지 조각에 불가합니다. 언제든 해고하고 없는 일로 해도 전혀 이상하지 않는 곳이 중국이란 점을 십분 경계해야 합니다. 국내 대표 IT 기업의 전직 임원 한 분이 가족과 함께 어떤 중국 회사로 갔다가, 불과 두어 달 만에 불시 해고되고 그간의 급여도 거의 받지 못하고 한국으로 쫓겨난 경우도 목격한 바 있으니 말입니다. 종이 조각에 불과한 계약서만 믿어서는 큰 낭패를 볼 수 있어 항상 반대급부에 대한 대비를 해야 하는 게 중국의 고용 시장의 현실입니다.

한편 삼성전자가 중국 휴대폰 공장을 닫으면서 생산직 노동자들의 재취업을 직접 나서서 도와주고, 최신 스마트폰 한 대 씩을 나눠주는 등 떠나보내는 직원들의 감성 케어까지 한 사실은 중국에서도 많은 이들 가운데 두고두고 귀감이 되고 있습니다.

 중국 진출을 고려하는 기업이라면, 경쟁 상대인 내수 기업 대비 특별한 기술적 우위가 없는 한 공정한 경쟁이 될 수 없음을 염두에 두어야 하겠습니다.

Haier

전 세계 가전 1위, 하이얼

가전 분야 전체만 놓고 보면, 어느새 전 세계 시장을 석권한 기업이 바로 중국의 하이얼입니다.

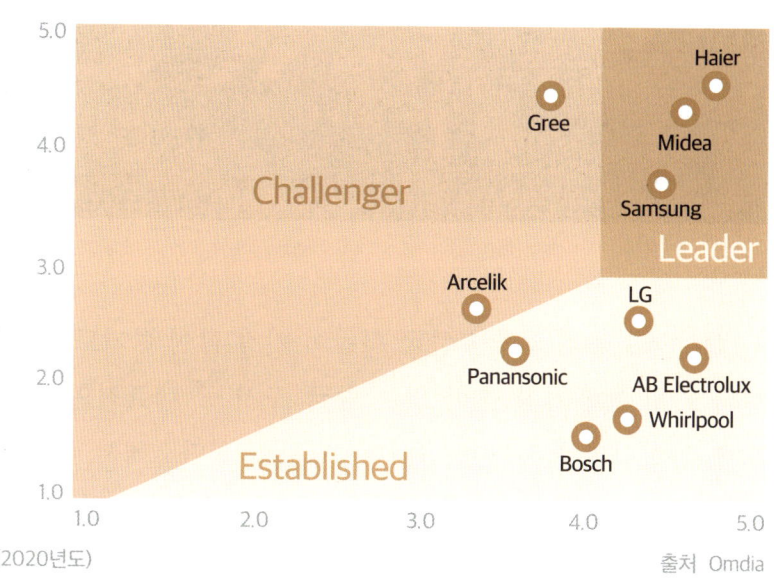

주요 가전 업체 스코어 카드

(2020년도)　　　　　　　　　　　　　　　　출처 Omdia

내가 만난 중화 혁신 리더들

냉고 (12년 연속)   세탁기 (9년 연속)   와인셀러 (11년 연속)

세계 판매 1위

출처_ 유로모니터 Global Major 2020

출처_ https://archello.com/project/haier-home-appliance-museum

    역사적으로 중국에서 한국 사람이 가장 많이 살기도 하고, 한국 관광객이 가장 많이 찾는 중국 도시 중 대표적인 칭다오에 하이얼의 본사가 있습니다. 필자도 칭다오에서 살았던 터라, 칭다오 지역 전체가 사실상 하이얼 시티라고 할 수 있을 만큼 하이얼의 대단한 위세를 생활 곳곳에서 체험할 수 있었지요. 하지만 하이얼은 순조롭게 성장만한 회사가 아니라, 1984년엔 사실상 파산 직전까지 몰렸다고 합니다. 하이얼의 재기에는 장 루이민(Zhang Rui Min) 회장의 역할을 손꼽습니다. 장 CEO는 1985년 당시 생산품의 20%에 달하는 불량 냉장고들을 운동장에 모아 놓고, 직원들과 망치로 때려 부수면서, 오늘 우리가 불량품을 때려잡지 않으면 내일 회사가 소비자들에게 부서질 것이라는 충격 요법으로 품질 혁신을 일으킨 인물입니다. 어차피 회사의 손실은 공산당이 다 메워주던 시대다 보니, 이렇게 타성을 깨부순 것이 실제로 큰 변화의 계기가 되었다고 합니다. 삼성전자의 애니콜 신화를 만들었던 이기태 부회장이 1995년 불량 휴대폰 150억 원어치를 불사르며 품질 혁신을 일으킨 것보다 무려 10년이나 앞서서 공산주의 국가에서 그와 같은 일을 했다는 게 놀라울 뿐입니다. 모름지기 뛰어난 기업에는 걸출한 경영자가 있기 마련입니다.

둘째로, 장 회장은 임직원의 오너십을 강조하는 게 아니라 실제로 임직원이 회사의 주인이 되고, 하이얼의 울타리 안에서 자기 사업을 할 수 있는 체계를 제공했습니다. 월급을 받는 게 전부인 직원에게 오너십을 가지라고 하는 것이 현실적으로 무슨 개풀 뜯어 먹는 소리와 같다는 것을 그는 제대로 알고 있었던 셈입니다. 백종원 씨도 방송에서 이런 말을 하지 않았나요. "직원들에게 주인 의식을 줄 수 있는 방법이 있냐"는 질문에 단호하고 심플하게 "없어요"라고 대답했습니다.

1998년에는 수평적인 조직, 2002년에는 사내 벤처 제도인 MMC(Mini Mini Company) 제도를 도입하게 됩니다. 한국 대기업들이 2010년도는 되어서야 실제 적용하기 시작한 개념들을 이렇게나 일찍 도입한 거지요. 게다가 가전 사업이 어떤 곳인가요? 전자 세트 사업 중에서도 가장 보수적이고 혁신의 사이클로 상대적으로 느린 곳이라고 보는 분들도 있습니다. 아무튼, 자본주의 사회도 아닌 사회주의 체제에서 이런 혁신 제도를 도입한 것이죠.

MMC가 발전해서, 2005년에는 자주 경영체가 도입되어, 전 직원이 10~20명 규모로 구성된 2,000여 개의 소기업이 모인 회사로 탈바꿈하게 됩니다. 아이디어와 능력만 있으면 누구나 자주 경영체의 사장이 될 수 있는 과격하고 파격적인 변화라 하겠습니다. 일부 그런 팀을 만드는 게 아니라, 전 직원을 이런 체계로 재편입했다는 게 놀랍습니다. 초기의 문제점을 개선하여, 자주 경영체는 ME(Micro Enterprises) 시스템으로 변화되게 됩니다. ME는 다시 고객접점 ME, 인큐베이팅 ME, 노드 ME로 구분되어, 2013년 기준 4,000여 개로 운영된다고 합니다. 특이한 점은 이런 자주적 소사업 추진에 본사가 종잣돈을 대는 것은 물론, 본인도 직접 지분 투자가 가능하며 중국 중소기업 장외주식시장(NEEQ) 등에 상장하는 것도 적극 장려하는 구조라는 것입니다.

하이얼 조직 구조

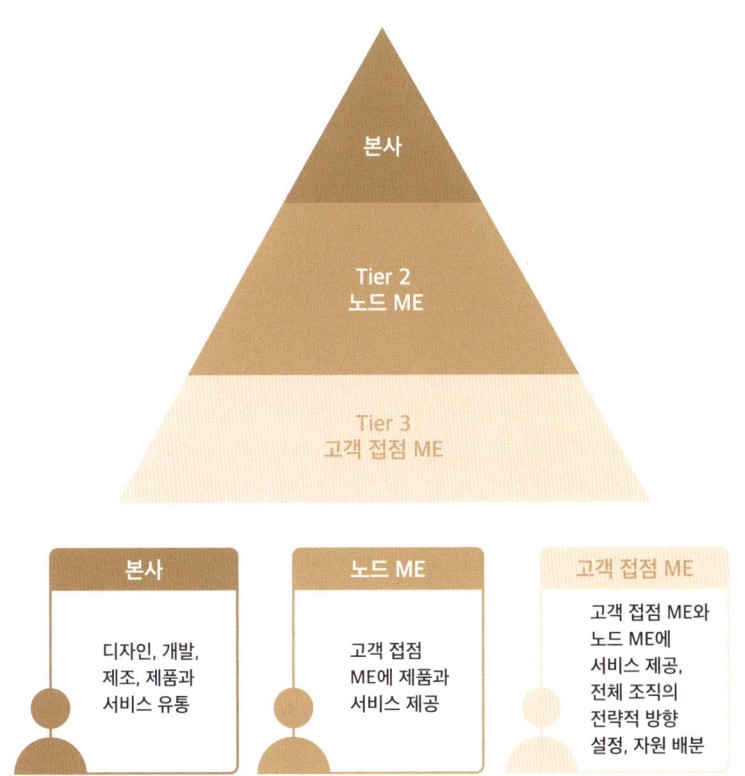

출처_Management innovation Made in China: haier's Rendanheyi, California Management Review(2018)

    필자가 하이얼을 프로젝트차 방문한 시점이 바로 이때였습니다. 그래서인지 프로젝트를 진행하는 직원들의 눈빛이 진짜 자기 일을 하고 있구나 느낄 만큼 활활 타오르는 걸 알 수 있었습니다. 누가 이야기하지 않아도 한 푼이라도 불필요한 비용을 줄이려는 비용 절감의 집요함이 일상 생활에서도 느껴질 정도였고, 프로젝트 기간 내내 컨설턴트에게 제공되는 음료라고는 정수기에서 마실 수 있는 물 한 잔이 고작이었으니 말이죠. 프로젝트의 성과가 곧 나에게 돌아오는 100% 성과이자 내가 컨트롤할 수 있다는 점은 어느 대기업에서도 느끼기 어려운 하이얼만의 독특한 매력이라 하겠습니다.

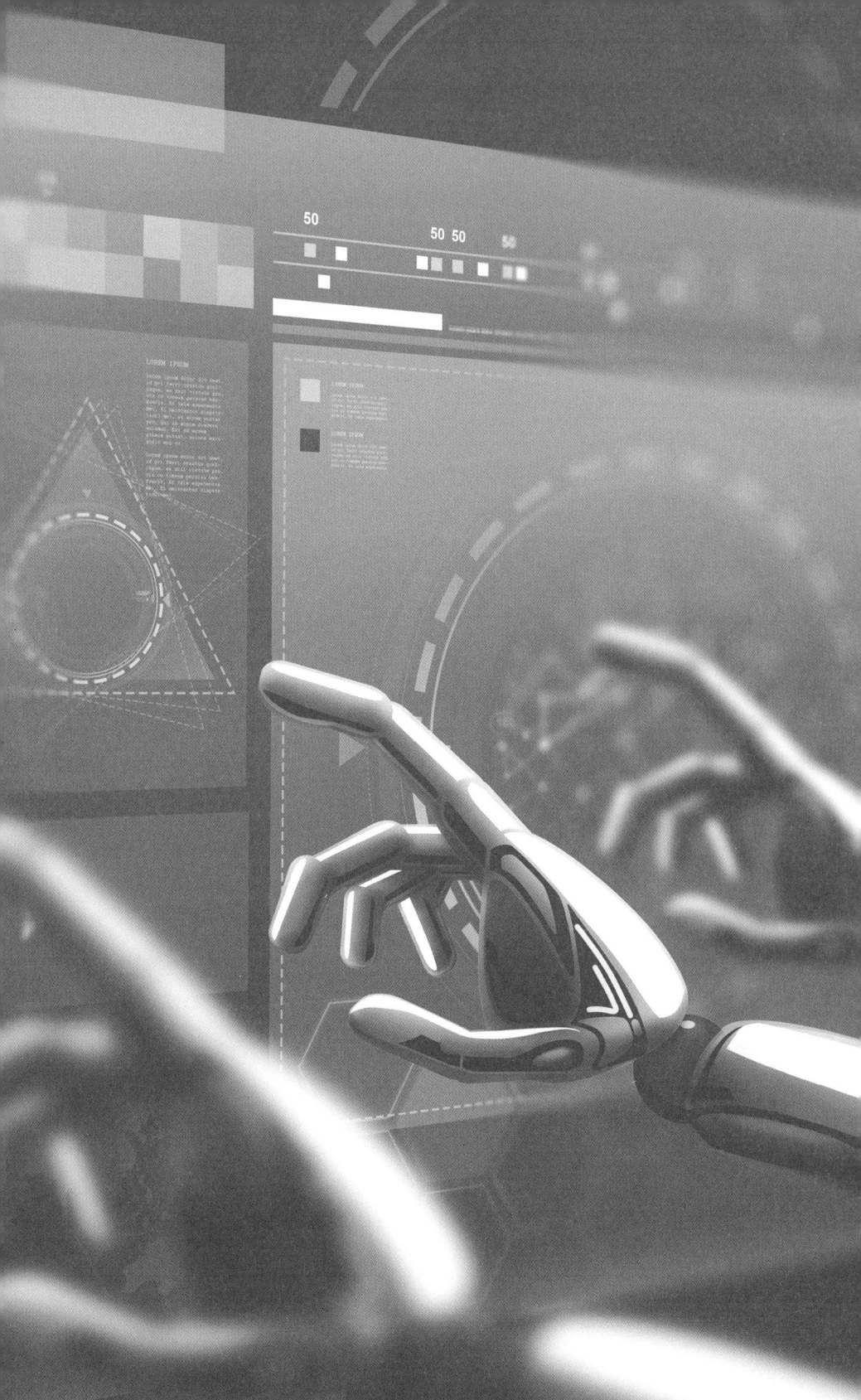

TCL

어느새 삼성, LG 턱밑까지 따라잡은 TCL

한국에서 TCL이라면 여전히 잘 모르시는 분들이 많습니다. LCD TV를 기준으로는 일찌감치 세계 1위를 석권하고, 휴대폰 사업에서는 우리가 잘 아는 블랙베리를 인수했으며 유럽에서는 역시 프랑스에서 M&A로 인수한 알카텔 브랜드로 활약하는 종합 전자회사가 바로 TCL입니다. TCL은 회사의 급격한 글로벌화로 성장통을 겪고 있는 많은 중국 회사들의 한 전형이라 하겠습니다. 필자가 TCL을 고객으로 만나서 일을 하게 된 배경에도, 각 브랜드와 지역별로 어떻게 효과적으로 글로벌 오퍼레이션(Global operation)을 해야 할지, 지역 총괄과 지사 간 체계, 글로벌 마케팅의 운영 노하우 등에 관한 전략 수립과 실행 프로세스 설계가 주된 내용이었습니다. 이런 주제에서 삼성전자는 중국 회사들에게 살아있는 교과서가 아닐 수 없지요. TCL와의 프로젝트 진행중 인상적이었던 몇 가지를 이야기하면 다음과 같습니다.

프로젝트 기간 내내 CEO가 매일 한 명의 팀원처럼 온갖 과업들을 같이했다는 점인데, 세상에 바쁘지 않는 CEO가 어디 있을까요? 그런데 직접 플로우 차트(Flow chart)에 토론 내용을 받아 적는다 든지, 열심히 포스트잇 붙이기 작업을 직접 하는 등 한국에서라면 대리, 과장급에서 해야 할 일을 진심을 다해 열심히 참여하는 모습이 이채로웠습니다. 워크숍이 진행되는 동안에는 소위 말하는 계급장 떼고, 대등한 한 사람의 몫으로 각자가 자유롭게 참여하는 토론 문화가 신기하기까지 했습니다.

둘째로 TCL은 시장에서 검증된 성공 사례(Best Practice)를 재빨리 포착해서, 빠르게 실행하고 더 빠르게 개선하는 게 전략인 패스트 팔로어(Fast Follower)의 전형입니다. 어느덧 세계에서 가장 오래 일하는 중국인들에 맞서, 한때 세계에서 가장 효율적인 패스트 팔로어였던 한국 기업들이 같은 방식으로 경쟁 우위를 유지하기는 어렵지 않을까요? 중국 회사들이 말하는 벤치마킹은 산업 스파이라 할 수준을 넘어설 만큼, 벤치마킹하는 회사의 모든 것을 다 속속들이 파헤치고 배우려 한다는 게 특이점입니다. 수박 겉핥기 식이 아니라 수박의 뿌리까지 속속들이 파헤치고 완벽히 이해될 때까지 파고듭니다. 그리고 나면 자신들의 DNA와 강점에 맞춰 창조적인 변형을 해 내는 게 중국 회사들의 무서운 점이라 하겠습니다.

BOE

세계 1위 LCD 회사, BOE

이미 LCD(Liquid Crystal Display) 부품 분야에선 압도적인 세계 1위를 석권한 BOE. BOE 성공 신화의 배경에는 IMF 시절 한국 정부의 실수와 한국의 우수 인력들의 피땀이 8할 이상이라고 보는 분들이 많습니다. IMF 위기를 넘느라 공적자금으로 기사회생한 하이닉스가 사업부별로 쪼개서 매각되던 시절로 거슬러 가 보겠습니다. 하이닉스의 핸드폰 사업은 팬택으로, 비메모리는 매그나칩에, 전장 사업은 만도 등에 팔렸는데, LCD 사업인 하이디스는 매각이 어려운 상황이었죠. 삼성·LG가 독과점 이슈로 섣불리 손들기 어려운 상황에서 해외업체로 매각을 선호하는 정부 입장이 맞아떨어져, 하이디스는 결국 중국 업체인 BOE에게 넘어가게 됩니다. 지금도 반도체, 디스플레이 업계의 한국 인재를 어떻게든 빼 가려는 중국 업체들에 비해, BOE는 특허 기술뿐 아니라 2,000여 명 이상의 디스플레이 경력자들을 한번에 확보하게 된 거지요. 필자가 BOE로 프로젝트를 진행하기 위해 베이징을 방문하던 당시 여기가 중국 회사인가 싶을 정도로 곳곳에 한국 사람들로 가득했습니다. 심지어 많은 미팅을 그냥 한국어로 하는 등 마치 한국의 중국 지사 같은 분위기라고 할 정도였습니다. 게다가 BOE는 중국 공산당이 역점으로 밀어주는 첨단 디스플레이 소재 기업인 만큼, 정부의 투자와 지원금이 막대했습니다. BOE와 진행한 컨설팅 프로젝트 하나가 어쩌면 한국 IBM 컨설팅 부문의 몇 년치 매출에 해당할 만큼, 선진사 벤치마킹과 미래 전략 수립을 위한 목적에는 정부의 지원금이 흥청망청이라고 할 정도로 후하게 투입되고 있었죠.

BOE처럼 빠르게 성장하는 중국 회사들의 특징 중 하나는 리더들이 놀랄 정도로 젊다는 것입니다. 한국 대기업에서 30대 중반에 상무 승진을 하면 신문에 대서특필되지만, BOE같이 빠르게 성장하는 중국 IT 업계는 수만 명에 달하는 직원 규모에도 한국의 상무 직급에 20대 중후반, 그것도 여성이 리더인 경우를 어렵지 않게 보게 됩니다. 리더들이 젊다기보단 어리다 할 정도이니, 의사결정의 속도도 굉장히 빠른 편이고, 조직 문화가 저절로 능력과 성과주의로 가게 됩니다. BOE는 특히 지나치다 싶을 정도로 수평적인 문화라, 회장이 회의에 들어오거나 워크숍에 참석해서 의견을 내놓아도 특별히 주목을 받지도, 비중있게 다뤄지지도 않는 점에 놀라움을 느낄 수밖에 없었습니다. 아니 회장님이 오셨는데, 누구 하나 앉으라고 의자를 양보하지도 않다니…. 이것이 과연 사회주의 체제가 이뤄 낸 평등 문화인가 싶습니다.

友好速搭

대륙의 Cafe24, Youhaosuda

　누구나 쉽게 독립적인 쇼핑몰을 구축할 수 있도록 해 주는 솔루션으로 한국에 Cafe24가 있다면, 글로벌 1위 사업자로는 미국의 Shopify, 홍콩에는 쇼피(Shopee)란 업체가 있습니다. 그리고 중국의 해당 분야 스타트업으로 요하오수다(Youhaosuda)라는 업체가 있습니다. 이곳은 필자가 설립한 wemake에서 전자상거래 회사 분야에서 처음 투자한 회사이기도 합니다.

이들 회사들은 쇼핑몰이 필요로 하는 각종 기능들과 디자인까지 완료된 수많은 템플릿들을 마치 파워포인트로 문서 작업을 하는 것처럼 'Drag & Drop' 방식으로 쇼핑몰을 뚝딱 만들도록 해 주는 웹 기반 서비스로, 프로그래밍을 전혀 모르는 일반인도 쉽게 독자 쇼핑몰을 오픈할 수 있게 가이드해 줍니다.

지금까지 대기업 위주로 중국 회사 이야기를 해 왔으니, 부족하나마 요하오수다 사례를 통해 중국 스타트업이 어떻게 다른지 이야기를 풀어 보려고 합니다.

요하오수다를 통해 한·중 간 쇼핑몰을 직구로 연동시켜 보려는 계획하에 첫 미팅에서 여러 가지 까다로운 문의들과 요청 사항을 이야기했는데, 단 4일 후에 심천에서 내가 있는 칭다오 사무실까지 날아와서 요청한 결과물을 바로 시연까지 해 주는 것을 보고 깜작 놀랄 수밖에 없었습니다. 어떻게 이렇게 빠르냐고 물었더니, CEO인 본인을 포함하여 4일 동안 아무

도 자지 않고 일해서 기필코 만들어낸 결과물이라고 하였습니다. 정말 눈알이 빠지도록 미안할 지경이었습니다. 아무런 보상이나 약속도 없는 초기 미팅에서 이렇게 정성을 보여준 상대방을 위해, 나 역시 최선을 다해서 협력할 사업 기회를 기필코, 그리고 자발적으로 만들어내게 되었지요.

요하오수다라는 회사를 좀 더 설명하자면, 한마디로 중국 물류 회사별 개별 시스템과 다양한 이커머스 플랫폼들을 API와 ERP(Enterprise Resourse Planning)로 연동시켜 하나의 플랫폼에서 통합·관리할 수 있게 해 주는 허브 솔루션이라 하겠습니다. 현재까지 중국의 8만여 중소 쇼핑몰을 고객으로 확보하고 있으며, 특이한 점은 B2B 사업 모델로 쇼핑몰을 대신 구축하고 운영을 대행해 주는 서비스도 병행하고 있습니다. 이들 쇼핑몰은 타오바오 등 170여 개 대형 쇼핑 플랫폼과 연동되고 있다고 합니다.

필자도 대만에 거주하던 당시, 한국 화장품 8개 브랜드의 독점 대리상 계약을 맺고 온라인 직판몰을 운영했다가 망해 본 경험이 있습니다. 가장 큰 난관은 다양한 비관세 장벽이었습니다. 신생 업체 입장에서 비관세 장벽은 극복하기 어려웠던 것이죠. 전통 한자인 복체자로 제품 정보 전체 번역 및 효능·효과를 입증하는 원천 논문과 실험 데이터까지 번역해서 제출해야 하는데, 그 많은 화장품 SKU(Stock Keeping Unit)

를 일일이 다 번역해서 인증을 받으면 그새 신제품이 다시 우루루 쏟아져 나오는 화장품업의 특성상 감당이 어려웠던 탓입니다. 또한 Shopify를 이용해 독자 구축한 직영몰의 가장 큰 문제는 대만에 특화된 배송 편의 기능이 지원되지 않은 것입니다. 이에 별도 개발이 필요했는데 대만 이커머스에선 필수적으로 배송지로 집 근처 편의점을 등록할 수 있도록 지원해야만 하는 조건을 충족시킬 수 없었습니다. 대만에서는 주택 숫자만큼 많은 것이 바로 편의점이고, 맞벌이가 보편화돼 있어, 택배를 대신 받아 줄 사람이 없다 보니, 많은 경우 집 근처의 24시간 운영하는 편의점을 배송처로 등록하는 것이 보편적이지요. 또한 편의점에서 물건을 개봉하고 나서도 인수 거부로 간단히 구매를 철회할 수 있다는 편리함이 있는 반면 파손, 변질이 쉬운 제품을 편의점으로 배송 위탁 시 사업의 큰 리스크가 발생할 수도 있습니다. 아무튼 한국의 Cafe24가 결국 내수용으로 머물고 있는 데 반해, 전 세계적으로 직구가 가능한 직영 쇼핑몰을 운영하고자 한다면, 중화 기업들이 한발 앞서 글로벌화시킨 쇼피나 요하오수다 같은 서비스를 이용하는 것이 용이할 것입니다.

PART 4

생존의 화두, 신사업 발굴

전 세계적인 코로나 사태가 산업계에 가져온 충격은, 지금까지 우리가 신봉해 온 경영 전략의 원칙들을 초토화시킨 것입니다. 이러한 경험은 모두에게 매우 특별한 기억으로 남을 것 같습니다. 코로나 사태가 야기한 산업 생태계의 변화 및 전망은 다음과 같습니다.

첫째로, 규모의 경제를 이룬 덩치 큰 지배적 사업자는 절대 망하지 않는다는 대마불사(大馬不死)의 시대가 하루아침에 대마급사(大馬急死)의 상황으로 바뀌고 있습니다. 사업의 규모가 크면 클수록, 변화되는 기업 환경에 피해 규모가 걷잡을 수 없게 돼서, 더 빨리 망하게 되는 황당한 상황입니다. 일례로 항공 업계를 보면 극명합니다. 소형 항공사보다 오히려 대형 항공사일수록 적자 누적이 더 가속화되어 더 빨리 파산으로 내몰리는 상황입니다. 황금알을 낳는 안정적인 고수익 사업이라던 크루즈여행 업계도, 시장의 40% 이상을 독식한 지배적 사업자, 카니발 코퍼레이션이 누구보다 먼저 위기로 내몰리고 있으니 말입니다.

둘째는, 세계적인 경영 컨설팅사가 줄기차게 주장해 온 공급 체인(Supply Chain)의 글로벌 분업 체계가 오히려 산업계의 동맥경화를 일으키고 있어, 특정 국가나 지역에 생산 인프라가 집중되는 게 엄청난 리스크가 될 수 있다는 걸 보여주고 있습니다. 코로나 같은 세계적인 전염병은 언제든 다시 반복

될 수 있고, 전염병만이 아니라 미중 간 무역 갈등은 단기간에 끝날 주제가 아닙니다. 이에 탈집중화 기조가 당분간 이어지는 것은 불가피합니다.

셋째는, 기업의 규모나 속한 업종이 무엇이냐와는 상관없이 신사업 발굴은 어느 기업에게나 미래 생존을 답보하기 위한 필수적인 준비 과정이 되고 있습니다. 언제든 갑자기 오늘의 주력 사업이 아예 사라져 버릴지도 모를 상황에서 새로운 성장 동력, 수익원을 찾아내지 않고서는 한치 앞을 내다보기 어려운 시대를 살고 있기 때문이지요.

그러면 신사업 발굴은 어떻게 하는 게 CBA(Current Best Approach)일까요?

최근 몇 년 새, 한국에서도 CVC(Corporate Venture Capital)를 만들거나 액셀러레이터 프로그램을 시작하는 기업들이 대기업에서 중견기업까지 빠르게 확산하고 있습니다. 본 책에서는 필자가 직접 경험한 대만과 중국의 액셀러레이터 사업 방식 가운데, 한국 기업들에 참고가 될 만한 사례들을 소개하고자 합니다.

HTC의 Vive-X 액셀러레이팅 사업

HTC에 관해서는 파트 3에서 이미 다룬 바 있어 회사에 대한 소개는 생략하고, HTC가 새로이 가상현실 사업을 시작하면서, 후발 주자가 어떻게 1위 업체로 도약할 수 있었고, 이 부분에서 액셀러레이팅 사업이 어떤 기여를 어떻게 할 수 있었는지를 살펴보고자 합니다.

먼저 HTC가 가상현실 기기, Vive 데뷔를 준비하고 있던 2016년 초는, 이미 Oculus가 시장의 마인드 셰어(mind share)를 완전히 장악하고 있어, Oculus가 출시되기만을 전 세계 미디어와 게임 마니아층이 손꼽아 기다리는 상황이라 하겠습니다.

한참 후발 주자인 HTC Vive가 어떻게 해야 경쟁사를 이길 수 있을까요?

당시 필자는 HTC에서 디지털 마케팅과 이커머스 부문을 총괄하면서, Vive-X 액셀러레이팅 사업을 기획하는 역할을 하고 있었습니다. 우리 팀에게 위의 질문에 대한 답은 소비자들이 어떤 게임기를 원하는가에 대해 전략적인 차별화를 이뤄내는 것이라고 생각했습니다.

우리가 취한 첫 번째 전략은 전 세계 개발자들이 Vive 플랫폼형 게임을 우선적으로 개발하도록 파격적으로 지원하는 것이었습니다. 엄청난 물량의 Vive 게임기가 선제적으로 전 세계 개발사들에 무상으로 공급되었고, 이를 통해 Vive는 출시 전에 가장 많은 콘텐츠, 그중에서도 차별화된 각 국가의 로컬 콘텐츠가 가장 많이 확보된 플랫폼이 될 수 있었습니다. 개발자 생태계와 사전 협력을 통해, 첫 번째 경쟁 우위를 창출해 낸 것이라 하겠습니다.

다음으로는 액셀러레이팅 사업을 통해 사업 전방위에 걸쳐 실질적인 경쟁력 강화를 이룰 수 있었습니다. HTC의 액셀러레이팅 사업인 'Vive-X'야 말로 IT 제조사가 주도하여 괄목할 만한 성과를 달성했다는 점에서 매우 독보적인 프로그램이라 할 수 있겠습니다.

Vive-X 프로그램에 대한 상세 정보는 다음과 같이 홈페이지에 자세히 나와 있으니, 사이트에 직접 방문해서 살펴보시기를 바랍니다.

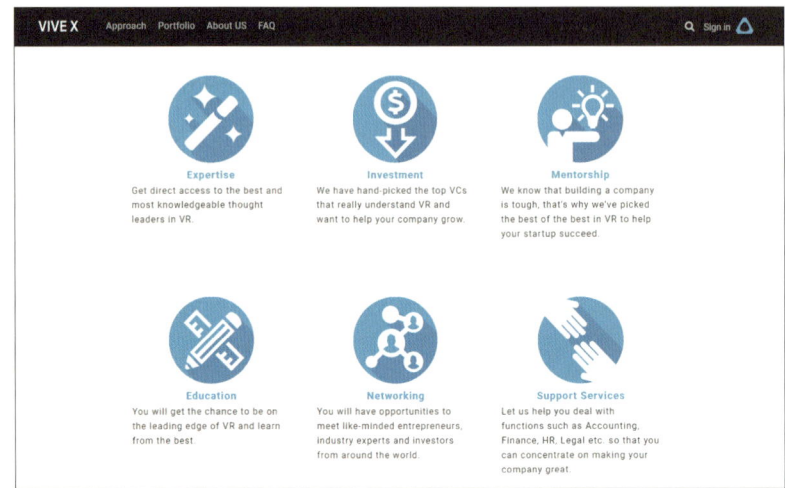

출처_ Vivex.Vive.com/us

그러면 Vive-X가 왜 성공적인 액셀러레이팅 사업이 될 수 있었는지, 좀 더 내막을 들여다보겠습니다.

<u>첫째로는 가상현실 분야처럼, 현재까지도 더디게 성장하고 있는 신사업 분야일수록, 투자자들과 투자 유치를 희망하는 개발자들을 하나로 모아 규모 있게 만들어 주는 협의체 구성이 중요한 출발점이 되었습니다.</u> 이렇게 해서 출범한 글로벌 협의체가 바로 VRVCA(VR VC Association)입니다. 본 협회에 대한 상세 정보 역시 다음 장에 명시된 홈페이지 정보를 참고하여 살펴보시기 바랍니다. 이 협회를 통해, VR 산업에 가용한 전세계 VC들의 투자 재원을 규모화하여, 특히 중국에서 투자 유치 이벤트 등을 진행할 때, 파격적인 행사 지원은 물론 정부 관련 재원을 끌어오는 데도 큰 도움이 되었다고 하겠습니다.

출처_ www.vrvca.com/overview

둘째로 Vive-X처럼 VR 분야에만 특화된 생태계 협력 프로그램은 시장의 트렌드나 경쟁사의 전략 방향, 신기술의 조기 센싱 등에서 비용 대비 매우 효과적인 수단이 됩니다. 특히 VR 분야는 기술적으로 여전히 초기 단계의 신사업인 만큼, 언제든 새로운 혁신 기술이 등장할 수 있고, 갑자기 등장한 신규 사업자에 의해 산업의 축이 뒤바뀔 개연성도 높은 시장이라 하겠습니다. 이런 점에서 Vive처럼 전 세계 주요 30여 개 국가에 걸쳐 개발자 협력 관계를 구축하는 것은 새롭게 등장하는 시장 기회와 위협 요소에 안테나를 세우고 대비할 수 있는 비용 대비 매우 효율적인 수단이 되었습니다.

셋째로 Vive-X는 매우 저비용 고효율로 기획된 프로그램입니다. 투자 규모도 통상 한 업체당 한화로 몇 천만 원 이내로 투자가 이뤄지며, 대부분의 투자 결정 미팅은 온라인 화상회의로 진행되는 데다, 이 프로그램 운영에 필요한 전담 인력은 극소수에 불과한 매우 슬림한 구조를 가지고 있습니다. 여기에다 각 국가별 공공 재원, 민간 액셀러레이터의 투자 재원도 적극적으로 활용합니다. 한국의 경우도 정부 관련 기관들의 스타트업 투자 재원과 리소스를 다각도로 활용하다 보니, HTC가 직접 투자하거나 집행해야 하는 비용은 더 줄이고 효율화가 가능했으며, PR·마케팅 역시 매우 효율적으로 집행할 수 있었지요. 어느 나라 공공 기관이나 입장은 비슷할 수밖에 없는 게, 로컬 대기업이 비슷한 프로그램을 한다면 오히려 더 돈을 쓰게 만들지만, 해외 기업의 경우는 적극적으로 공공이 나서서 각종 비용을 지원하는 구조가 됩니다. 그러므로 한국 기업들도 특히 해외 스타트업 투자 시 적극 활용할 수 있는 전략이기에 반드시 활용하시기를 바랍니다.

Vive-X를 수년간 운영한 성과를 말하자면, 워낙 저비용 고효율 운영을 하다 보니 투자비의 몇 배에 달하는 자금 회수도 가능했습니다. 또한 VR처럼 신사업 분야의 경우 규모 확대(Scale-up) 투자가 활발한 시장이다 보니 IPO(Initial Public Offering)는 어려워도 업계 내 M&A가 매우 활발하여 중간에 투자금을 회수할 기회도 많다는 장점이 있었습니다. 무엇보다 다양한 스타트업 협력을 통해, HTC가 자체적으로 개발했다면 훨씬 많은 비용과 시간이 소요되었을 신기술 개발 R&D에서 특히 성과가 높았지요. 예를 들자면, 중국의 TP Cast란 업체에 투자해서 VR 업계에서 처음으로 PC와 HMD 간 무선 연동이 가능한 VR 기기를 경쟁사보다 먼저 내놓을 수 있었습니다. 이 또한, 개발자 생태계와 협력하는 오픈 R&D 이노베이션이었기 때문에 가능했던 성과라 하겠습니다.

Goertek 그룹의
wemake 액셀러레이팅 사업

　중국의 액셀러레이팅은 다른 나라에 비해 특이한 사업 모델을 가지고 있습니다. 중국도 취업 희망자에 비해 양질의 일자리 숫자가 절대적으로 부족하다 보니, 창업 활성화를 통해 일자리 부족 문제를 해결하는 게 정부의 최우선 과제이지요. 특히, 각 지역의 지방 정부들이 최우선적으로 이 분야에 많은 재원을 투입하고 있습니다. <u>무엇보다 창업 지원을, 낙후된 도시 개발을 위한 중요 수단으로 활용하고 있다는 것이 특이점이라 하겠습니다.</u> 한마디로 신도시 개발에 스타트업 활성화만한 게 없다고 보는 것이죠. 이런 식으로 창업투자가 이뤄지다 보니, 발 빠른 민간에서는 사실상 부동산 개발업자들이 액셀러레이팅 간판을 내걸고, 정부 보조금과 부동산 시세 차익이라는 두 마리 토끼를 다 잡고 있습니다. 이러다 보니 중국 2선, 3선 도시들에 첨단 시설로 지어진 각종 창업단지들은 사실상 겉만 화려할 뿐 사람 구경도 하기 힘든 텅 빈 상태가 흔합니다. 또한 아무런 편의 기반 시설이 안돼 있다 보니, 반경 몇 킬로미터 이내에 아무런 식당이나 상점도 없이 텅 빈 수십 층짜리 인텔리전트 빌딩만 즐비한 신도시도 쉽게 볼 수 있지요. 중국 지방 정부나 지방 기업들이 한국에 협력하자고 손을 내미는 중국 사업에는 이런 상황인 경우가 많아, 특별한 주의가 필요합니다.

두 번째로 중국의 액셀러레이터들은 앞서 설명한 대로 부동산 개발업을 기본 사업으로 하고 있어, 투자 기업을 자신이 개발하거나 운영중인 오피스에 입주시킴으로 부동산 가치 증대를 통한 투자금 회수 사업 모델을 가지고 있는 경우를 많이 보게 됩니다. 위워크의 경우도 공유 사업 외에 직접 스타트업에 투자하여 위워크에 입주시키는 사업 모델을 뒤늦게 시작했다, 별다른 성과를 내기도 전에 사업 전체가 위기를 맞아 흐지부지 되었지만, 액셀러레이팅의 투자 회수 방식에 부동산 개발을 통한 가치 증대와 세재상의 레버리지 효과를 한국 기업들도 참고할 필요가 있겠습니다. 한국에서 스타트업 투자를 하는 데 있어, 사실 투자 기업의 IPO를 기대하기는 요원한 만큼, 부동산 개발 차익을 중요 투자 회수 방안의 하나로 다양화해 보는 것은 매우 현실적인 대안이라 하겠습니다.

필자가 고어텍 그룹에서 신사업 총괄 부총재로 재직하던 당시, 고어텍 그룹의 공유 오피스 사업인 wemake를 한중 스타트업 액셀러레이팅으로 확대한 경험이 있습니다.

한국의 벤처나 중소기업들이 바라는 바는 투자도 있겠으나 무엇보다 중국 대기업에 제품, 기술 등을 납품한 실적을 만들어 냄으로 기업 가치를 제고하고, 이를 통해 더 큰 규모와 매력적인 조건의 후속 투자를 끌어내는 방식이 효과적이었다라고 할 수 있겠습니다. 이를 테면, 한국의 어떤 벤처에서 만들어낸 기술이 중국의 화웨이가 차세대 스마트폰 개발에 적용해 준다면, 해당 기업의 가치는 즉시 몇 배로 뛰어오르는 건 당연지사고, 콧대 높은 VC들로부터 자금 유치도 한결 쉬워지는 식이지요.

필자가 wemake Korea를 설립하고 운영하면서, 중국 스타트업을 한국 기업에 연결하는 기회는 만들지 못했지만, 한국 스타트업을 중국 대기업의 협력사, 투자사로 만드는 성과가 있었습니다. 몇 년간 한국 벤처 생태계를 들여다본 소회를 이야기하자면, 이제는 아무리 투자를 하고 싶어도 투자 대상이 될 만한 업체가 씨가 말랐다고 할 지경이 아닌가 합니다. 아무리 정부에서 4차 산업혁명을 지원한다고 떠들지만, 정작 혁신의 씨앗이라 할 스타트업은 절대 숫자 자체도 너무 적은 게 현실입니다. 다행히 2020년부터 대기업 투자 자금이 벤처 생태계로 유입될 수 있도록 대기업 지주회사 내 벤처캐피탈(CVC) 설립을 허용한다고 하니 반가울 따름입니다. 그동안 대기업 투자 자금이 직접 흘러가기 어려운 구조였던 한국의 벤처 생태계가 본격 활성화될 수 있기를 기대해 봅니다.

위메이크, 베이징에서 '위메이크 데이' 개최⋯ 주요 액셀러레이터와 MOU

2018.08.28 15:51

위메이크 그룹(wemake Group)이 28일 한국의 주요 스타트업 액셀러레이터 5개사, '카이트(KITE) 창업가재단', '스파크 랩', '빈티지 랩' '넥스트렌스', '키스톤 브릿지'와 '유망 스타트업 발굴 및 투자 협력'에 대한 업무 협약을 체결했다.

출처_biz.chosun.com/site/data/html_dir/2018/06/28/2018062802684.html

PART 5

DX, 어떻게 할 것인가?

'고객'이 원하는 DX에 집중

세상에 누가 '고객'이 원하지도 않는 DX를 추구하겠냐고 생각하시겠지요. 그러나 많은 DX 프로젝트 경험에 따르면, '고객'에 대한 제대로 된 인사이트가 부족한 상황에서 DX 서비스 디자인을 하려는 경우가 많습니다.

세계 최첨단 Amazon Go라는 유통매장 시나리오 중 '매장 입장' 부분이 하나의 예입니다. Amazon Go 소개 동영상(https://www.amazon.com/b?ie=UTF8&node=16008589011)을 보면 고객이 매장 입장 시 자신의 스마트폰을 인식 장치에 대고 들어가는 장면이 나옵니다. 그런데 정말 고객들이 원하는 것이 자신의 스마트폰을 어딘 가에 근거리 접촉시켜서 본인임을 확인받은 후 매장에 들어가는 것일까요? 고객들은 아무런 별도의 노력 없이 바로 입장하는 것을 원하지 않을까요? 생수를 사러 집 앞 편의점 문을 그냥 열고 들어가듯이 말입니다.

세계 최첨단 서비스 시나리오의 첫 장면부터 이것이 정말 '고객'이 원하는 것인지 강한 의문이 듭니다. 아마도 Amazon Go 시나리오 설계팀은 지하철이나 오피스 출입 경험에 근거하여 이렇게 만들었을 것이라고 추측합니다. 그런데, 실제 고객에게 출입 관련 니즈를 확인했다면, 이 서비스 시나리오는 Walk-in·Check-in으로 정해지지 않았을까요?

이 밖에도 '고객'이 원하는 DX인지 의문이 드는 사례는 우리 주변에 너무나 많습니다.

병원의 DX 프로젝트를 할 때, 고객경험 개선 담당자가 병원 의료비 정산과 관련하여 키오스크를 로비에 설치한 후, 고객들이 키오스크에서 몇 가지 개인정보를 입력하고, 신용카드를 리더기에 넣어 정산이 되도록 만들면 좋겠다고 했습니다.

그런데, 정말 '고객'들이 키오스크를 통한 의료비 정산을 원하는지 강한 의문이 듭니다. 예를 들면 문자나 카카오톡으로 전송되어 온 진료내역을 확인한 후, OK 버튼을 누르면 간편페이로 정산이 완료되는 방법을 '고객'들이 더 원하지는 않을까요?

키오스크 시나리오에서는 다음과 같은 단계가 필요합니다. 즉 내가 1) 키오스크 앞으로 이동해서 2) 줄 서서 대기한 후 3) 개인정보를 터치 스크린에 입력하고 4) 신용카드로 정산. 그런데 '고객'들은 정말 이런 여러 단계를 원할까요? 혹시 '고객'들은 문자나 카카오톡으로 알림이 와서 시간과 장소에 제약 없이 진료내역을 확인할 수 있으며, 줄 서서 대기할 필요도 전혀 없고, 신용카드도 실물 없이 정산 가능한 시나리오를 더 원하지 않을까요?

'고객'이 원하는 DX와 관련하여 생각해 볼 만한 예는 주변에 너무나도 많습니다. 항공여객 운송 분야의 '고객'들은 항공권 예매 시, 여행사를 통하거나, PC웹, 모바일웹, 모바일앱과 같은 여러 방법 중 하나를 택하고 있습니다. 최근 고객 구매 관련 행태를 조사한 바에 따르면 '고객'은 여행사를 통한 간접구매 과정에서 정보의 비대칭성과 거래의 불편함 때문에 **직접구매**를 더 선호하는 것으로 확인되었습니다. 이처럼 고객이 직접 구매를 선호한다면 미래지향적으로 그에 맞게 대응을 하는 것이 DX의 방향이 되어야 함은 당연합니다.

따라서, 서비스 디자인 설계 담당자는 추가적인 고객 조사를 통해서 '고객'들의 예매 방법에 대한 선호도가 PC웹＞모바일앱＞모바일웹 순서임을 파악하였고, 그 결과 데이터(사실)에 근거하여, PC웹의 UI/UX를 개선하여 고객들이 더 쉽고 빠르고 정확하게 예매할 수 있도록 방향을 정하자고 했습니다. 그런데 현재 선호도에 대한 조사만으로 DX 어젠다를 정하기보다 현재 선호하지 않는 것은 무엇이며, 그 이유도 파악해야 하는 것이 아닐까요?

정말 '고객'들이 PC에서 예매하고 싶어 하는 것이 맞을까요? 고객들이 모바일에서 예매를 해 보니 PC에서 하는 것보다 어렵고 시간이 많이 걸려서 어쩔 수 없이 PC 예매를 선호한다고 답한 것이 아닐까요? 오히려 고객경험 개선을 위해서는 '**모바일**'을 어젠다로 정해야 하는 것이 아닐까요?

DX를 제대로 하려면 '고객'이 무엇을 원하는지, 어떤 계획(Pain Point)을 가지고 있는지에 집중해야 합니다. 조직 내에서 DX 관련 좋은 개선 방안이나 아이디어가 도출되었다면, 동료, 리더의 상의도 중요하지만 본질적이고 궁극적으로는 '고객'의 필요를 반드시 확인해 봐야 합니다.

그러려면,
우선 '고객'이 누구인지 명확하게

고객이 원하는 DX를 하려면, 우선 누가 진정한 **'고객'**인지 명확하게 하는 것이 매우 중요합니다. 예를 들어, 사람이 외출하는 동안 반려동물과 놀아주고 식사도 챙겨주는 스마트로봇을 개발한다고 가정할 때, 누가 고객이 될까요? 반려동물이 스마트로봇의 고객입니까? 아니면 반려동물의 집사 역할을 하는 사람이 고객입니까? 만약 **'반려동물이 고객'**이라면 말 못하는 반려동물로부터 사용 경험 피드백을 어떻게 받을까요? 한편, 구매한 **'사람이 고객'**이라면 어떻게 피드백을 받을까요? 이에 따라 서비스 디자인의 방향이 달라야 할 것입니다.

　TV 제조사에 디스플레이 패널을 공급하는 회사를 생각해 보면, B2B 차원에서 고객은 TV 제조사가 됩니다. 그런데, 고객의 고객, 즉 최종 소비자를 '**진정한/궁극적 고객**'으로 볼 수도 있지 않을까요? 그렇게 본다면 TV 제조사와 회의를 하면서 니즈를 파악하고 대응하는 체계도 갖추어야 하지만, 최종 소비자의 니즈 변화를 확인하고 대응하는 체계도 갖추어야 하지 않을까요?

　'고객'이 누구인지 명확하게 하는 것은 매우 중요하고 예민한 사항입니다. 앞에서 사례로 언급한 병원 진료비 정산 시나리오에서 환자가 의료비를 정산한다면 환자=고객이겠지만, 만약 동행한 환자 가족이 주로 정산을 한다면 정산 시나리오에 관련해서는 '**환자 가족도 고객**'일 수 있습니다. 그것이 데이터(사실)로 확인되면, 두 경우 모두 매끄럽게 정산 처리하는 추가적인 서비스 디자인이 필요합니다. 그런데 실제 비즈니스 현장에서는 '**고객이 누구인지**'을 명확하게 하지 않고 서둘러 제품과 서비스 디자인을 하는 경우가 많습니다. 그렇다면, 환자 가족이 정산을 할 때는 서비스 시나리오 준비가 안되어 있어, 처리가 복잡하거나 고객이 불편할 수밖에 없습니다. 이처럼 고객을 명확하게 하는 것은 비즈니스 성패를 좌우하는 매우 심각하고 중요한 사항입니다. 고객이 원하는 DX를 해야 성공하는데, 고객이 잘못 정해졌다면 연구개발, 제품설계, 서비스 디자인 등의 효과성이 떨어질 수밖에 없습니다.

이와 관련한 또 다른 스토리가 있습니다. 현재 사무실과 주택에 설치된 에어컨의 약 50%는 데이터 수집과 분석에 기반한 인공지능 기능이 없던 시기에 만들어진 제품입니다. 일반적인 에어컨 개보수 주기를 감안하면 약 8년에 걸쳐 인공지능 기능이 포함된 신형으로 점진적으로 교체될 것으로 예상됩니다. 이처럼 기존 에어컨에게도 인공지능 기능이 한시적으로 제공되면 좋겠다는 아이디어에 착안한 국내외 여러 스타트업들은 공간의 온도, 습도, 조도, 모션, 소음 측정 센서 등을 장착한 IoT 동글이를 적외선 모듈로 에어컨에 연결하고, 이 IoT

동글이를 와이파이 모듈로 스마트폰으로 연결하여 앱에서 에어컨을 제어하는 인공지능 기반 IoT 제품을 성공적으로 출시하였습니다.

IoT 동글이의 하드웨어적 기능적 속성은 명확하므로 '제품 활용 시나리오'가 매우 중요했습니다. 이에, 네 가지 정도의 활용 시나리오를 도출하였습니다.

첫째, 앱에 연결되어 있어 위치기반 서비스가 가능하므로, 공공 데이터인 외부 현재 기온과 IoT 동글이가 센서로 수집한 실내 현재 온도 차이를 GPS에 기반한 스마트폰 위치기반 데이터와 연동시켜 출근이나 외근에서 회사 도착 직전이나, 퇴근하여 집 도착 직전, 적시에 에어컨을 켜는 시나리오.

둘째, 센서를 통해 수집된 온도, 모션 등의 데이터를 활용하여, 아무도 없는 공간과 시간에는 에어컨이 자동으로 꺼지도록 하여 전기료가 절약되는 시나리오.

셋째, 센서를 통해서 수집된 온도, 습도, 모션 등의 데이터를 활용하여, 공간에 인원이나 움직임이 많다고 판단되면 자동으로 쾌적하게 모드를 조정하는 시나리오(무조건 일정 온도에 맞게 자동으로 작동하는 것과 훨씬 더 높은 차원의 인공지능 모드 시나리오).

넷째, 필요에 의해 다른 장소 또는 일정 시간 경과 후에 에어컨을 원격 제어하는 시나리오.

이 회사의 글로벌 마케팅 전략을 수립하는 과정에서 경영진에게 한 첫 질문은 "'**고객**'은 누구이며, 그 고객들의 '**Pain Point**' 또는 '**니즈**'는 무엇입니까?"였습니다. 그런데 정말 아쉽게도 경영진은 인공지능, IoT 기반 제품, 빅데이터 분석에 기반한다는 기술 차원의 연구개발 배경과 제품 특성은 훌륭하게 설명했으나, 구체적으로 고객 페르소나, 고객 세그먼트, 타깃 세그먼트, 전체 시장 규모, 접근 가능 시장 규모, 시장점유율 목표, 고객의 구매 관련 행태, 고객의 주요 구매의사 결정 요소 등에 대한 고민이 부족한 상황이었습니다.

그러니 이 회사는 기존 공장에서 대회의실이나 교육장 같은 곳에 한 명의 사람이 앉아서 에어컨을 켜고 있는 경우의 활용 시나리오는 생각해 보지 못했습니다. 또한 이 제품을 가전, 생활소품 아니면 아이디어 혁신제품이라는 세 카테고리 중에서 어디에 등록하는 것이 가장 효과적이라고 생각하는지 질문했을 때, "모든 카테고리에 다 등록하면 어떨까요?" 라고 답했습니다.

제품 개발 초기 단계부터 '고객'이 누구인지 명확히 했다면, 이런 종류의 제품은 남편, 아내, 자녀 중 누가 구매하는지, 구매 후 설치와 사용은 누가 주도하는지도 파악했을 것이고, 제품 사용 경험 피드백을 위해서는 어떤 데이터를 어떤 주기와 방법으로 수집하여 누구에게 제공해서 그 가치를 '고객'이 어떻게 인식하도록 만들 것인지 등에 대한 서비스 디자인이 되었을 것입니다.

남편이 구매, 설치, 사용을 주도한다면, 앱에 남편이 관심있는 데이터를 피드백으로 제공해 줘서, '이거봐 이거봐 내가 이 IoT 동글이를 사기를 정말 잘했지'라는 감정을 느끼도록 만들어야 할 것입니다. 반면 아내가 구매, 설치, 사용을 주도한다면, 앱에 아내가 관심있는 데이터를 피드백으로 제공해 줘야 할 것입니다. 비즈니스의 기준이 되는 '고객'이 명확하지 않다면, 이후 많은 DX 관련 과정을 어떻게 실행할지 막막하게 됩니다.

과거 경험기반 인사이트를
'현재 데이터(사실)'로 보완

과거 경험에 기반한 인사이트는 매우 유용하고, 미래 대응에 큰 도움이 됩니다. 한편, 최근 경영환경은 VUCA 즉, 변동성이 크고(Volatile), 불확실하며(Uncertain), 복잡하고(Complex), 애매모호(Ambiguous)한 속성을 가지고 있다는 데 다들 공감합니다.

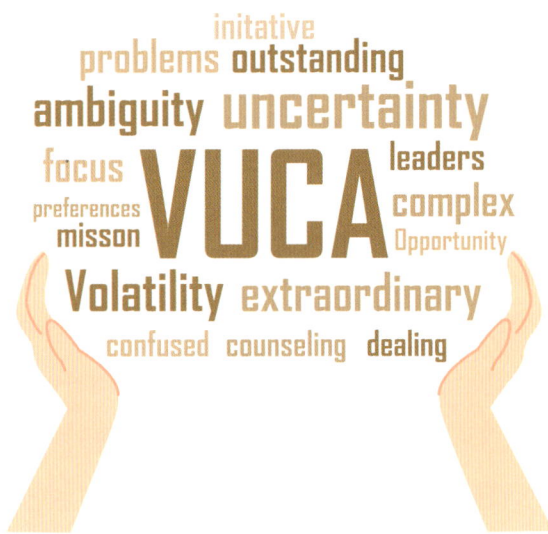

국제항공여객운송업의 발전이 없었다면 특정 국가의 일시적 전염병으로 끝났을 수도 있었을 코로나19가 전 세계의 핫이슈가 되었습니다. 우리가 평소 몰랐거나 무관심했거나, 우리와는 관련 없다고 생각했던 어떤 외국의 사건이 오늘 현재 우리의 삶에 직접적이고 심각한 영향을 주는 세상입니다.

그런데 우리들은 코로나19 전에도 이미 산업 내 경쟁이 심하고, 산업 간 경계가 허물어지면서 예상하지 못했던 외부 영향을 받으며 살고 있었습니다. 예를 들어, 패션 산업의 전통적 플레이어들이 신소재와 디자인 등을 중심으로 치열하게 경쟁하고 있는데, 전자제품 제조 기업들이 신사업 차원에서 반도체를 활용하여 냉온을 조절하는 혁신적인 의류를 출시하여 전통적인 패션 산업에 큰 영향을 줄 수 있습니다. 이는 엔진 중심의 기존 자동차 제조사가 배터리, 센서, 데이터, 인공지능, 초연결 등에 기반한 자동차 회사의 등장으로 큰 영향을 받고 있는 것과 같은 맥락입니다.

사실 이러한 외부 영향은 언제 어디에서 누구로부터 시작되고 얼마나 지속될지 매우 알기 어렵습니다. 이처럼 **변동성**이 크고 **불확실성**이 높은 상황에서는 과거 경험기반 전략과 실행이 미래에도 성공적일 것인지 걱정하게 됩니다. 그러다 보니, 전략을 수립하고 실행하는 과정에서 이전보다 더 많은 요소를 고려해야만 성과를 낼 수 있어서 비즈니스가 훨씬 더 **복잡**해졌습니다.

그렇지만, 인터넷을 매개로 세상이 초연결되어 있는 상황이라서 정확하게 무엇이 가장 좋은 의사결정인지, 최적함이 존재하기는 하는 것인지, 나아가 이 상황이 기회인지 위험인지 명확하게 파악하기 어려운 시대입니다. 그러므로 이러한 VUCA 경영환경에 직면하고 있음을 공감한다면, 과거 경험기반 비즈니스 인사이트를 '**현재 데이터(사실)**'로 보완하려고 노력해야 합니다.

예를들어, 코로나19와 같은 전 세계적 재난 상황에서 국내 손해보험 회사들의 비즈니스 상황은 어떨까요? 과거 경험기반 비즈니스 인사이트에 따르면 세계적·국가적 차원의 이슈가 발생하면 사람들의 소비와 투자는 전반적으로 위축된다고 합니다. 그런데, 코로나19가 가져온 라이프 스타일 변화를 생각해 보면 사정은 달라집니다. 보험 가입자들이 야근, 과음, 회식을 거의 하지 않고, 조기 귀가하여 휴식을 취합니다. 그러니 호흡기 질환에 잘 걸리지 않습니다. 이와 더불어 마스크를 잘 착용하고, 손을 잘 씻고, 서로에게 감기를 덜 옮기고, 외출을 적게 하여 상해나 교통사고가 덜 나면 보험료 지급이 감소하는 손해율 개선 효과에 의해 단기적으로는 보험회사의 사업 이익이 증가하는 것이 **현재 데이터(사실)**가 아닐까요?

주요 손보사 2020년 상반기 당기순이익

회사명	당순익	증감률
삼성화재	4334억 원	1.7% ↑
현대해상	1837억 원	12.1% ↑
DB손해보험	3494억 원	69.4% ↑
한화손해보험	702억 원	397.9% ↑
메리츠화재	2134억 원	56.8% ↑

출처_ www.edaily.co.kr/news/read?newsId=01121766625867976&mediaCodeNo=257

물론 중장기적으로는 보험수요와 투자수익 감소 등과 플랫폼 사업자들이 산업의 경계를 넘어 보험상품을 취급하는 것 등이 큰 위협이 될 것으로 예상됩니다.

여하튼 거듭 강조하면, 과거 경험기반 비즈니스 인사이트를 잘 활용하되 **현재 데이터(사실)**로 보완하려고 노력해야 합니다. 우스갯소리로 하는 "라떼는 말이야"의 함정에 빠져서는 안됩니다.

(라떼는 말이야)

…내가 재작년 항공권 예매와 관련하여 '구매전환수/방문자수=구매전환율' 로 정의하여 데이터를 분석했을 때, 국내

선 예매 시에는 PC 11.7%, 모바일앱 12.0%, 모바일웹 6.3% 수준, 국제선 예매 시에는 PC 3.8%, 모바일앱 2.1%, 모바일웹 1.2% 수준이었거든. 우리나라 사람들은 항공권과 같은 고액결제는 모바일로는 거래를 안 한다고 김대리. 그러니 PC UI/UX를 집중적으로 개선하는 게 DX의 방향이어야 해…(난 다 경험이 있다고).

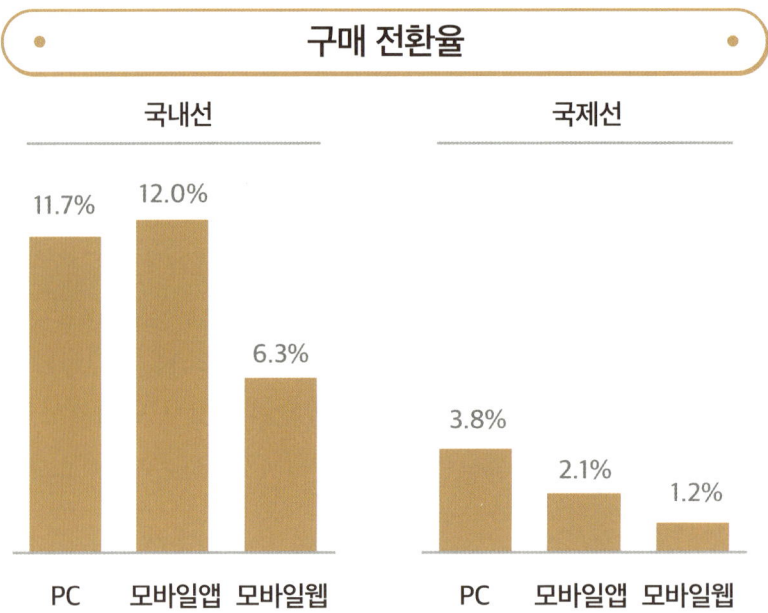

과거 경험기반 인사이트는 유용하고 미래 대응에도 도움이 되는 것이 맞습니다. 그렇지만, **현재 데이터(사실)**도 그런지 확인해서 보완해야 합니다. 재작년에는 간편결제에 대한 사람들의 인식이 낮은 수준이었을 수도 있습니다. 올해 다시 조사를 해 보니 간편결제의 인지, 공감, 사용의향, 사용경험, 만족 데이터가 급격히 증가했을 수 있습니다. 또한, 과거 간편결제의 한도액이 항공권을 구입하기에는 부족한 소액 수준이었으나 법이 개정되었을 수 있습니다. 그 당시 자원 부족에 직면한 항공사들의 DX 전략이 PC에 선택과 집중을 하는 것이어서 의도적으로 모바일은 디마케팅(De-Marketing) 했지만, 작년 말부터는 경쟁 항공사들이 모바일 예매를 우선(Mobile First)하거나 심지어 모바일에서만(Mobile Only) 가능한 전략으로 이미 전환했을 수도 있습니다. 이처럼, 과거 경험기반 비즈니스 인사이트는 현재의 데이터(사실)로 보완하려고 노력해야 실패 확률이 줄어듭니다.

'관찰'로 고객에 대한 인사이트 확보

과거에는 비즈니스 성과 창출을 위해서 데이터(사실)를 확인하는 과정에서, 기업의 정보시스템(예를 들면 ERP)의 내부 데이터를 분석하는 기본 활동과 '고객'에 대한 인사이트를 높이기 위한 **인터뷰**와 **설문** 활동이 일반적이었습니다.

그런데 ICT의 발전으로 이미 고객에게 묻지 않고도 기초 데이터만으로도 알 수 있는 것이 많습니다.

- 한 달에 매장을 얼마나 자주 이용하십니까?
- 일주일에 몇 번 정도 방문하십니까?
- 보통 매장에는 몇 시간 정도 체류하십니까?
- 자주 주문하는 음료는 무엇입니까?
- A라는 음료를 드신 적 있습니까?

위와 같은 질문을 이제는 할 필요도 없습니다. 이미 데이터로 다 파악이 가능하니까요.

'새로이'라는 고객의 A음료, B음료, C음료, D케익, E과자 출시 후 1일차, 1주일차, 1개월 내 소비, 비소비 데이터를 종합하여 분석하면, 소비자가 전반적으로 얼리어답터에 해당하는지에 관한 여부를 알 수 있습니다. 또한 고객 전체를 대상으로 음료 취향을 크러스터링하여 달콤한 음료를 좋아하는 고객군, 달콤한 것을 전혀 소비하지 않는 고객군, 달콤한 것 소비를 최근에 중단한 고객군, 최근부터 달콤한 것을 소비하기 시작한 고객군, 달콤한 것에 민감하지 않은 고객군을 모두 파악하여 고객군을 대상으로 신제품 테스트 제안의 반응을 확인도 할 수 있습니다. 즉, 개인맞춤형 타깃 마케팅도 할 수 있는 것입니다. 그러니 옆 테이블에 계신 분들이 이런 것을 봤다면, '어, 왜 나에게는 새롭게 출시한 음료 시음 쿠폰이 안 오고, 다른 종류의 음료 쿠폰이 오지?'라고 생각할 수 있습니다.

그런데 이제는 이러한 기본적인 고객 관련 정보 외에도 비즈니스에 필요한 더 많은 고객 인사이트를 '**데이터 기반 관찰**'을 통해서 확보할 수 있는 세상이 되었습니다. 매장 입장, 주문, 체류, 퇴장과 같은 오프라인 관련 정보에 조금만 ICT 노력을 기울이면 고객 '**동선**'과 매장 내 고객의 '**마이크로 행동**'을 데이터화시킬 수 있습니다.

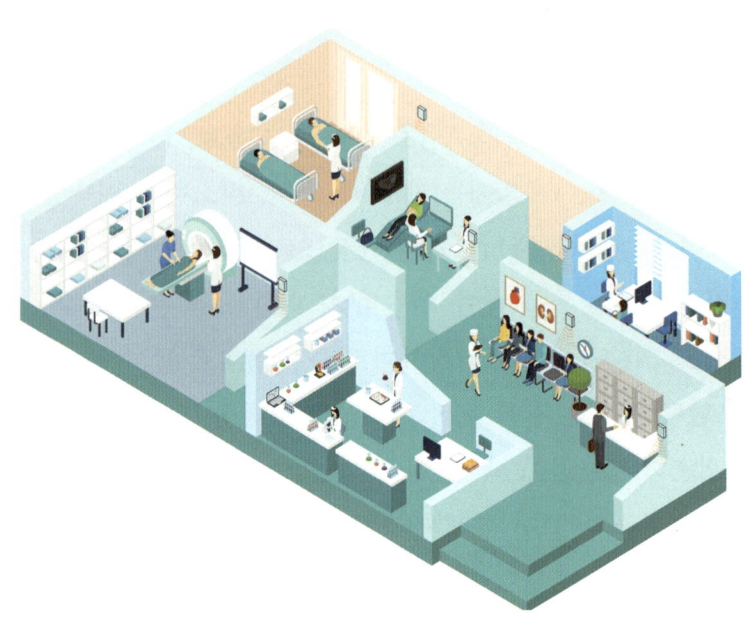

　주문이라는 이벤트 하나로도 여러 가지 경우의 수를 관찰할 수 있습니다. 주문대에 도착 즉시 원하는 음료를 주문하는지, 메뉴판을 살펴보고 주문하는지, 주도적으로 주문하는지, 옆 사람의 의향을 물어보면서 주문하는지, 점원에게 묻는 언행을 하는지, 본인이 정보를 시각적으로 확인하고 결정하는지, 직선적이고 효율적이고 집중적인지, 둘러보고, 소통하고, 다른 선택지를 확인하는지 모션센서, 음성인식센서, 화상인식센서 등을 통해서 '**데이터 기반으로 관찰**'할 수 있습니다.

　온라인상에서 몇 번 앱에 들어왔는지, 앱 체류 시간은 어떻게 되는지, 어떤 항목에 관심을 보였는지, 메뉴를 고르고 들어가는지 검색으로 찾는지, 자주 주문하는 음료를 저장해 두는 사람인지 매번 선택하는지, 한 번에 구매하는지 고민하다가 구매하는지, 고객의 네비게이션 순서는 어떻게 되는지도 파악이 가능합니다. 이에 웹에서의 고객경험 서비스 디자인이 가능하다는 것은 이미 알고 있었지만 이제는 '오프라인 관찰'을 통해 맞춤형 고객 서비스 디자인을 할 수 있는 세상입니다. 이처럼 관찰에 드는 노력과 비용이 낮아진 것은 혁신적인 ICT의 덕분입니다.

사실, 관찰이라는 방법에 큰 비용이 들 때는 그 인사이트를 기반으로 한 실행을 통해서 얻는 효과보다 비용이 커서 경제성이 없었습니다. 다르게 말하면, 김부장님이 "나도 그런 아이디어 있었다. 무려 10년 전부터. 그런데 고객조사, 관찰에 비용이 많이 들고 그 결과도 부정확하여 그 효과가 의문이 들어서 못한 거다." 이럴 수 있었다는 것입니다.

그런데 지금은, 따뜻한 아메리카노 한 종류의 음료만 계속 주문하고 앱과 매장에 체류 시간이 짧으며, 가장 효율적인 방법으로 오더만 하고 바로 나가는 새로이라는 고객이 관찰되었다면, 앱을 열자 마자 '따뜻한 아메리카노 드릴까요?' '네!' 주문 및 결제 끝! 이라는 심플 서비스 시나리오로 고객을 응대할 수 있습니다. 옆 테이블에 계신 분들이 이 장면을 본다면 "어, 저 사람은 왜 나랑 앱이 다르지"라고 할 것입니다.

병원 시나리오도 한 번 생각해 봅시다. 우리 PC나 모바일 상에서 매월 고혈압약을 처방받기 위해 예약 날짜만 입력, 변경하는 특정 고객이 관찰되었다면, 원클릭으로 다음 날짜로 변경하는 심플 서비스 시나리오가 가능합니다. 과거 대비 고객 '관찰'을 통해서 인사이트를 확보하는 데 드는 비용의 감소가 완전히 새로운 세상을 열었습니다. 따라서 이를 적극적으로 비즈니스에 활용해야 합니다.

그런데 아직도 많은 DX 관련 프로젝트를 하는 사람들이 고객의 한 명인 저에게 모바일 설문 도구를 통해서, 온갖 개인정보를 묻고, 매장이나 앱 활용 행태를 묻고, 이런 새로운 제품이나 서비스가 있는데 활용하겠는가 및 구매 의향을 묻는 방식의 오래된 접근을 하고 있습니다. ICT의 도움을 받아 '**데이터 기반으로 고객을 관찰**'해야 합니다.

이때, '관찰'을 어떻게 할 것인가에 대한 세심한 고민이 필요합니다. 이미 데이터로 전부 파악이 가능하므로 이제는 이런 질문을 고객에게 할 필요가 없음을 밝혔습니다. 이에 앞에 제가 적은 글을 다시 불러오겠습니다.

- 한 달에 매장을 얼마나 자주 이용하십니까?
- 일주일에 몇 번 정도 방문하십니까?
- **보통 매장에는 몇 시간 정도 체류하십니까?**
- 자주 주문하는 음료는 무엇입니까?
- A라는 음료를 드신 적 있습니까?

이 중 세 번째(**굵은 글자**) 질문은 현재 매장 고객 관찰 체계로는 데이터 수집을 하지 못한다는 것을 캐치하셨습니까?

'새로이'라는 사람이 언제 입장하고 퇴장하는지 확인하는 ICT 기반의 데이터 수집 체계를 매장이 이미 가지고 있습니까? 이제 그런 체계를 갖추어야 한다면, 고객 동의를 받고, 모바일 서비스 회사와 제휴하고, GPS와 실내 저전력 블루투스 기능을 활용하여 데이터(사실)를 확인해야 합니까? 아니면 CCTV와 화상 및 모션인식 기능 등을 통해서 고객을 특정하지 않고 매장 방문 고객의 전반적인 체류 시간 관련 데이터(사실)를 확인해야 할까요?

어느 것이 우리에게 비용대비 활용도가 높은 '관찰' 방법입니까? 과연 그만큼 투자를 할 의지와 자금은 있으며, 그를 통한 효과가 비용을 넘어선다는 공감대가 조직에 있습니까?

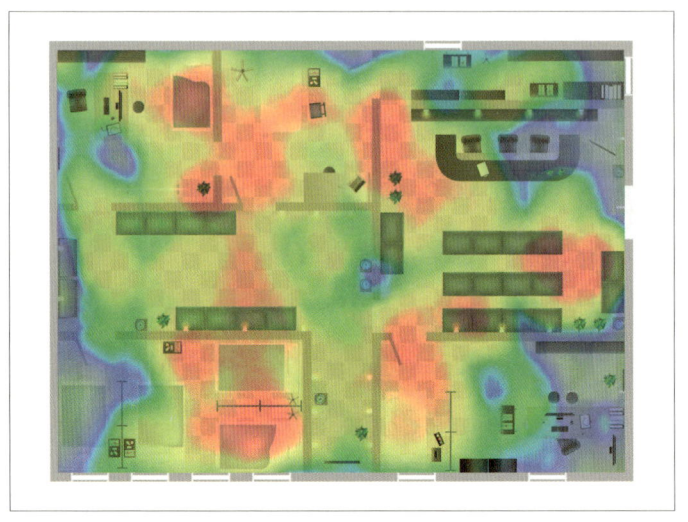

'관찰'과 관련한 의사결정은 결코 쉽지 않습니다. '관찰'의 결과를 마케팅에 활용하여 매출, 이익, 브랜드를 직접적으로 향상시킨다고 해도 '관찰' 관련 투자가 어려운 것이 현실입니다. 그런데 고객 서비스 수준 개선이나 위험관리 차원에서 고객을 '관찰' 하려는 경우에는 더욱 투자 의사결정이 어렵습니다. '관찰'과 관련하여 합리적이고 미래지향적이며 위험관리 차원에서 스마트한 결정을 내리는 것이 비즈니스 성과에 매우 중요합니다.

병원 컨설팅을 하는 과정에서, ICT·혁신 리더와 병원장님께 병원 동선 주요 위치에 온도 감지 카메라를 여러 대 설치할 것을 제안했다고 칩시다. 환자와 환자 가족들은 자연스럽게 움직이지만 고열인 사람이 있다면 자동으로 그 정보를 병원 감염관리 담당자에게 실시간으로 전달하고 대응하는 체계의 필요성을 제언드렸을 때, 어떤 대화들이 오갈까요?

"좋은 생각입니다. 비용은 얼마나 들까요?"
"네, 병원장님 약 3,500만 원 정도 예상하고 있습니다."
"아, 그럼 현재 병원 로비 입장 시 개인별 발열체크와 개인정보를 기록하는 체계로 그냥 갑시다. 비용이 생각보다 너무 크네."
…

(며칠 뒤)
"병원장님, 어제 저희 병원에 다녀간 환자가 코로나19 확진자로 판명되어, 지금 즉시 병원 외래 대기 환자를 모두 돌려보내고, 외래 진료를 중단하고, 접촉자 전원이 검사를 받고, 일단 2일 동안은 병원을 폐쇄하고 방역을 해야 하며, 검사 결과에 따라서 향후 병원 업무 가능 여부가 결정된다고 합니다."
"병원 로비 입장 시, 한 명도 빠짐없이 발열체크와 개인정보기록을 했잖아요?"
"네, 했습니다. 그런데, CCTV 확인 결과 병원 로비 입장 시간, 장소, 프로세스, 방법 중 정확하게 무엇이 문제였는지 파악이 안됩니다. 체온측정계의 일시적 오류였던 것 같습니다."
"병원 업무 중단으로 인한 손실은 얼마나 예상됩니까?"
"최소 2억에서 최대 8억 원의 손실이 발생하게 될 것 같습니다."

기술보다 '시나리오'가 우선

DX라는 표현에 포함된 두 단어, '디지털'과 '트랜스포메이션' 중 어떤 것이 더 중요할까요?

더 안전하고, 쉽고, 빠르고, 편하고, 예측 가능하고, 개인맞춤형이고, 매출이 향상되고, 이익이 더 나고, 감성적으로 기분이 좋고, 배우는 것이 많고, 사회적으로도 가치를 창출하고, 더 재미있는 방향으로 디지털을 활용해서 '변화·발전'시켜 가자는 것이 DX 아닐까요?

이 말에 공감하신다면 **기술**들의 조합으로 제품과 서비스를 구성하기보다는 먼저 **시나리오**를 구성한 후에 이를 가능하게 하는 관련 기술을 찾아서 연결하거나 개발하여야 합니다. 이전과는 완전히 다른 철학과 접근이 필요합니다. 이때 기술의 존재 여부 또는 해당 기술의 자체 보유 여부와 무관하게 비즈니스 차원에서 시나리오를 먼저 구성해야 합니다.

병원의 환자 여정(Patient Journey) 중에서 스마트 접수 Walk-in·Check-in 시나리오를 예로 들면 다음과 같이 구성할 수 있습니다.

- 환자와 환자 가족이 병원 로비에 진입
- 발열체크와 신분 확인
- EMR(Electronic Medical Record, 전자의무기록)에 접수 전산 등록
- 환자 대기 공간 디지털 사이니지에 대기자 명단과 접수되었음을 알리는 메시지 팝업
- 외래 간호사와 의사 EMR 화면에 대기 환자 수, 대기자 정보 메시지 팝업

이제 이러한 시나리오에 해당하는 미래지향적이고 환상적인(WoW, 정말? 그럼 진짜 좋겠다!) 환자 경험(Patient Experience)을 생각합니다.

- 내가 로비에 진입하는 순간, **자동으로** 병원이 내가 '새로이'임을 알아봐 주면 좋겠죠.
- **비접촉으로** 내가 혹시 고열인지 파악해 주면 좋겠죠.
- 접수 카운터로 가서 번호표를 뽑고, 대기하다가 내 번호가 호출되면 접수 카운터에 가서 신분증을 제시하여 본인 확인을 받으면서 진료접수를 하고, 다시 대기 공간에 돌아와 앉아서 대기하기보다는, **아무것도 안 했는데도 접수가 자동으로** 완료되면 좋겠죠.
- 나의 스마트폰으로 접수가 되었음을 알려주는 **카카오톡이** 오면 좋겠죠.
- **디지털 사이니지**에 대기자 명단, 내 순번, 예상 대기시간이 보이면 좋겠죠.
- 외래 **간호사와 의사 EMR** 화면에도 대기 환자 수가 1명에서 2명으로 늘었고, 누가 접수하여 대기하고 있는지 메시지 팝업이 뜨면 좋겠죠.

여기까지 진행하고 난 다음에 비로소 각 환자 여정의 각 접점(Touch Point)에서 어떻게 ICT를 활용하여 환자 경험을 극대화시킬 것인지 논의합니다.

- 내가 로비에 진입하는 순간, 자동으로 병원이 내가 '새로이'임을 알아봐 주면 좋겠죠.

-> **안면인식 기술, 저전력 블루투스 기술** 등을 활용하여 구현

- 비접촉으로 내가 혹시 고열인지 파악해 주면 좋겠죠.

-> **열화상 카메라**를 활용하여 구현

- 접수 카운터로 가서 번호표를 뽑고, 대기하다가 내 번호가 호출되면 접수 카운터에 가서 신분증을 제시하여 본인 확인을 받으면서 진료접수를 하고, 다시 대기 공간에 돌아와 앉아서 대기하기보다는, 아무것도 안 했는데도 접수가 자동으로 완료되면 좋겠죠.

-> **블록체인 기반 탈중앙화 신원증명(DID, Decentralized Identity)** 기반 자동 접수

- 나의 스마트폰으로 접수가 되었음을 알려주는 카카오톡이 오면 좋겠죠.

-> **인공지능 기반 챗봇** 활용 소통

- 디지털 사이니지에 대기자 명단, 내 순번, 예상 대기시간이 보이면 좋겠죠.

-> EMR을 디지털 사이니지에 **API로 실시간 연동**

- 외래 간호사와 의사 EMR 화면에도 대기 환자 수가 1명에서 2명으로 늘었고, 누가 접수하여 대기하고 있는지 메시지 팝업이 뜨면 좋겠죠.

이처럼 **비즈니스 시나리오 〉 환상적인 고객경험 디자인 〉 ICT 활용 방안**이라는 '순서'를 잘 따르는 것이 핵심입니다.

쿠팡과 같은 회사가 시각화 소프트웨어를 활용하여 판매 데이터 그래프를 직관적으로 보면서 전략을 수립하는 시나리오를 예로 들면,

- 시각화 대상 데이터 로딩(예를 들면, 의류, 월별, 카테고리별, 매출과 이익 데이터)
- 시각화 방식과 구성 형태를 선정(예를 들면, 가로 방향으로 월, 세로 방향으로 카테고리 대분류 아래 중분류 아래 개별 항목, 매출액은 바차트의 크기로, 이익은 색으로 표현)
- 실행 버튼을 눌러 시각화시키고, 그 데이터를 화면에서 확인

이제 이러한 시나리오에 해당하는 미래지향적이고 환상적인(WoW, 정말? 그럼 진짜 좋겠다!) 사용자 경험(User Experience)을 생각합니다.

- 대상 데이터가 들어있는 파일을 **드래그앤드랍**으로 시각화 소프트웨어 위에 올리면 자동으로 데이터가 분석 준비 상태로 로딩되면 좋겠죠.

- 시각화 방식 구성도 **더블클릭**이나 **드래그앤드랍** 형태로 처리하면 좋겠죠(예를들면, WYSWYG에 부합하게 가로축 세로축에 '월'이나 '카테고리'나 '지역' 등의 데이터베이스 필드명을 드래그앤드랍하고, '바차트', '선차트', '파이차트', '컬러' 등의 아이콘 등을 더블클릭 또는 드래그앤드랍하면 **자동으로 그래프가** 그려지도록 말입니다).

여기까지 진행하고 난 다음에 비로소 어떻게 테크놀로지(Technology)를 활용하여 사용자 경험(User Experience)을 극대화시킬 것인지 논의합니다.

그런데, 누군가가 위에 제시한 미래지향적이고 환상적인 (WoW, 정말? 그럼 진짜 좋겠다!) 사용자 경험보다 더 기가 막힌 사용자 경험을 제안합니다.

- 뭘 드래그앤 드랍을 해요, 그냥 구글 검색창과 같은 **자연어 처리** 칸에 '의류, 세로 카테고리별, 가로 월별, 매출은 바차트로, 이익은 색으로' 라고 키인하고 엔터를 치면 알아서 대상 데이터가 들어있는 파일을 로딩하고, 그래프를 그려서 시각화 데이터를 짠하고 보여주면 되는 거 아닐까요?

이 제안을 들은 누군가가 더더더 기가 막힌 사용자 경험을 제안합니다.

- 음성으로 "하이 **태블로(TABLEAU)**! 세로 의류 카테고리, 가로 월별, 매출은 바차트로, 이익은 색으로 보여줘" 라고 말하면, 알아서 대상 데이터가 들어있는 파일을 로딩하고, 그래프를 그려서 시각화 데이터를 짠하고 보여주면 되는 거 아닐까요?

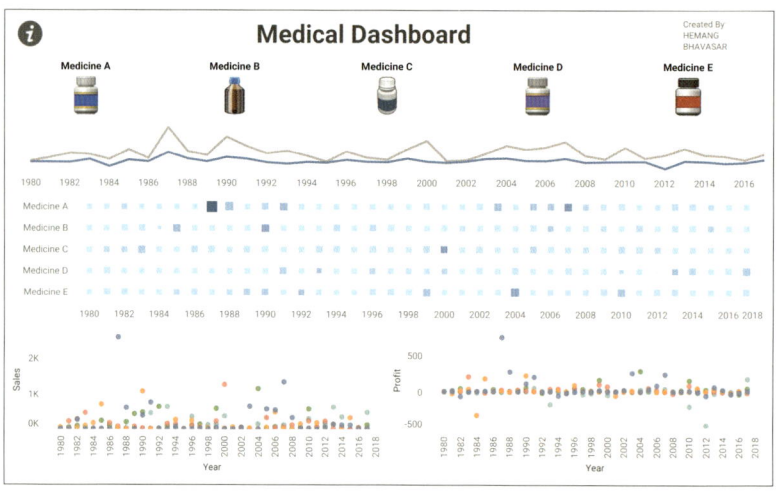

출처_ hemangbhavasar.github.io/MedicalDashboard.github.io

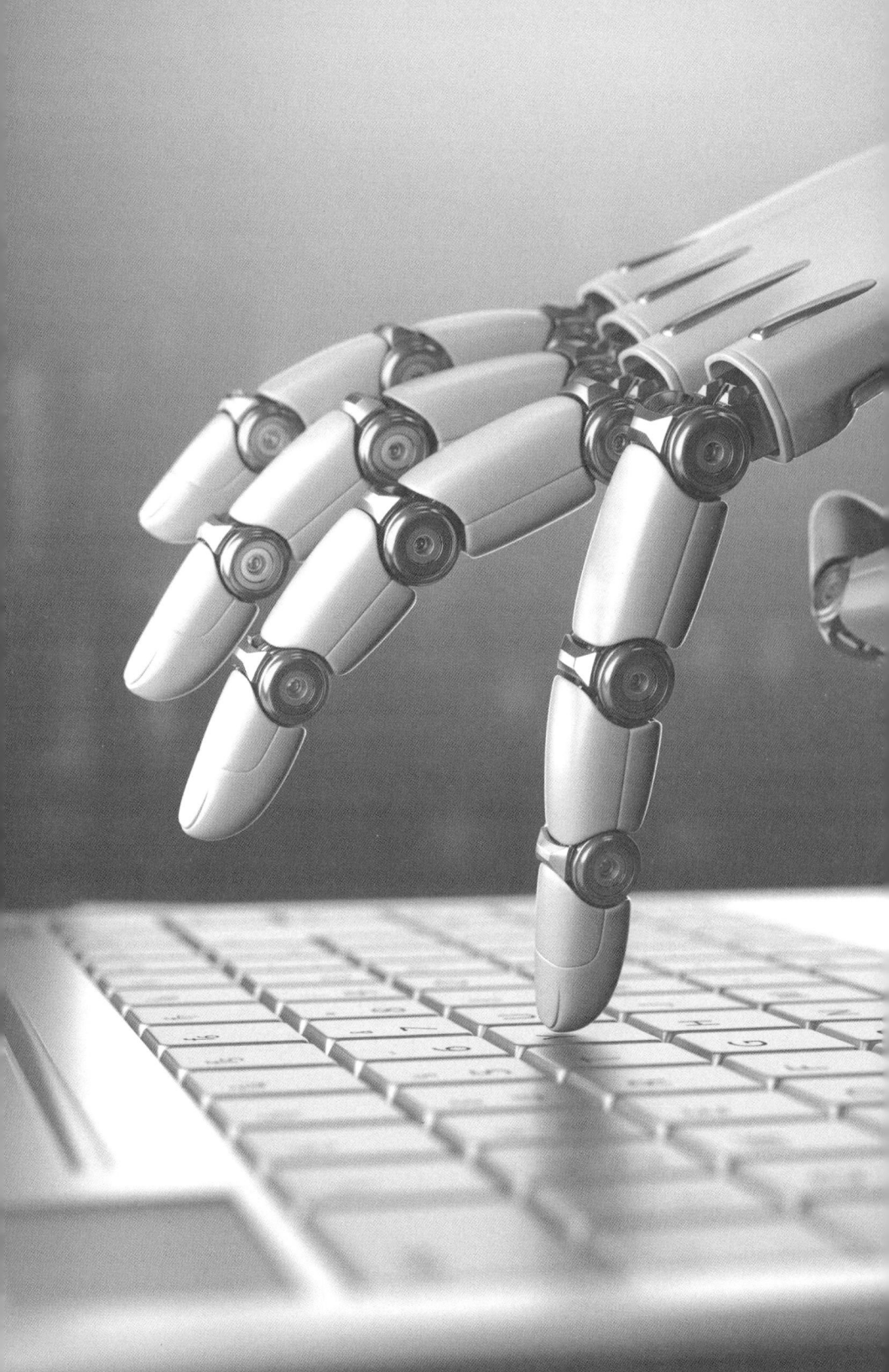

이처럼 DX에서 중요한 것은 기술보다 **시나리오**입니다. 이보다 더 좋을 수는 없다는 WoW 경험을 먼저 고민한 후에 이를 달성할 테크놀로지를 찾거나 개발해야 합니다.

우리 주변에 이와 비슷한 시나리오는 얼마든지 찾을 수 있습니다. 스마트 시티, 스마트 아파트 단지, 스마트 홈을 말하면서 이러저러한 기술이 적용되었다고 소개하는 많은 경우를 봅니다. 그러나 중요한 것은 **시나리오**입니다. 예를들어, 자동차 트렁크에서 박스를 꺼내서 들고, 지하 주차장에서 보안구역 안으로 문을 열고 들어가서, 엘리베이터를 타고 20층에서 내려서, 현관문을 열고 집에 들어가는 상상을 해 보십시오. 어떤 환상적인(WoW, 정말? 그럼 진짜 좋겠다!) 사용자 경험이 떠오릅니까?

- 박스를 꺼내 들고 문을 향해 걸어가는 동안 **자동으로 닫히고 잠긴** 자동차 트렁크 문
- 걸어가니 **자동으로** 열리는 지하 주차장 문
- 이미 도착하여 문이 열린 채 나를 **기다리고 있는** 엘리베이터
- 탑승하니 20층이 **이미 선택되어져** 있고
- 20층에 내려서 걸어가니 **자동으로 활짝** 열리는 현관문

이러한 시나리오를 가능하게 하는 어떤 테크놀로지가 이미 존재하므로 찾아서 연결하면 되고 어떤 테크놀로지는 우리가 직접, 또는 개방형 혁신(Open Innovation) 방식으로 확보해야 할지 정하면 됩니다.

또 다른 시나리오를 생각해 보겠습니다. 모바일 기기의 성능과 초고속 네트워크의 발전 덕분에 단위 분량과 시간이 작고 짧은 콘텐츠를 언제, 어디서나, 쉽고, 빈번하게 접속하여 학습하는 방식인 '**마이크로 러닝**'(예를들면 GNOWBE)이 이미 교육 분야의 대세가 되었습니다.

유튜브 동영상
Gnowbe | A Mobile First, Microlearning Solution

그런데 교수님이 학생들을 대상으로 모바일 기반 시험을 치르게 하려는 순간 걱정이 듭니다. '각자 다른 공간, 또는 시간에 모바일로 시험을 보는 경우 부정행위를 어떻게 차단하지?' 다른 사람이 대신 시험을 보거나, 옆이나 앞에서 다른 사람이 도와주는 것을 교수님은 걱정합니다. 이런 경우 어떤 환상적인(WoW, 정말? 그럼 진짜 좋겠다!) 사용자 경험이 떠오를까요? 무릎을 탁 치면서, 아 그럼 되겠네! 하는 시나리오를 먼저 구성하고 나서 이를 실현할 기술을 찾아서 연결하거나 개발하면 됩니다.

모바일 기기의 카메라를 통해서 안면인식 기능으로 본인 여부를 확인하고 시험을 시작하게 하며, 시험을 보는 중간에도 카메라를 통해서 응시자가 화면을 정말 쳐다보고 있는지 수시로 점검하는 시나리오는 어떨까요?

거듭 강조합니다. '**시나리오**'가 '기술'보다 더 먼저 고민되어야 합니다. 기술의 결합으로 혁신을 달성하는 것도 하나의 좋은 접근법임에 틀림없지만, 혁신적인 시나리오를 가능하게 하는 것이 기술이라고 생각하시길 강력하게 권합니다.

'개인맞춤형'
스마트 제품/서비스를 지향

DX 세상! 기술이 인간을 행복하게 하고 있습니다. 과거에는 개인맞춤형 제품·서비스가 불가능하거나 가능하더라도 고가격이었지만, 이제는 기술이 이를 가능하게 해 주는 세상으로 발전하고 있습니다. 그것도 대량생산 체계하의 표준품 가격 그대로 말이죠.

이처럼, 개인맞춤형 스마트 제품·서비스 세상으로 변화·발전해 가는 것이 바로 DX입니다.

이어폰을 예로 들겠습니다. 같은 음을 좌우로 송출하는 모노(Mono)모드에서 입체음향 스테레오(Stereo)모드를 지원, 블루투스 무선 모드 지원, 이제는 노이즈 제거(Noise Canceling) 기능 지원까지 왔습니다. 그렇다면 그다음은 무엇일까요?

독일이 주창한 Industry 4.0의 방향성에 따르면, 대량생산에 기반한 표준품과 같은 가격으로 개인맞춤형 스마트이어폰을 구매할 수 있는 세상으로 가고 있다고 합니다. 그러기 위해서 각 기업들은 스마트 제품, 스마트 서비스, 스마트 물류, 스마트 팩토리의 미래에 대비해야 합니다. 이러한 방향이 DX와 일맥상통하는 것이라는 의미입니다.

그럼 구체적으로 개인맞춤형 스마트이어폰은 어떤 것을 말할까요?

건강검진에서 확인된 사용자의 좌우 청력에 맞게 좌우 음량이 자동 제공됩니다. 음악을 듣거나, 화상·음성 회의를 하거나, 통화를 하거나, 책을 음성으로 들을 때, 사용자가 수차례 볼륨과 기타 옵션을 조정하면서 사용하는 데이터(사실)를 기반으로 인공지능이 향후에는 최적 모드를 자동으로 제공해 줍니다. 상대방 또는 콘텐츠의 상황과 음성의 속성을 고려하고, 사용자 주위의 소음 상황을 센싱하여 종합적으로 감안한 인공지능 모드를 제공합니다.

만약 좌우를 잘못 착용하면 어떻게 하냐구요?

잘못 착용할리 없습니다. 왜냐하면, 사용자의 귀모양을 스캐닝한 데이터가 클라우드(Cloud)를 통해 생산 공정에 전달

되었고, 이를 기반으로 3D 프린터를 활용해서 세상에 하나밖에 없는 개인맞춤형 이어폰이 생산된 것이기에 사용자의 좌우 귀에 딱 맞습니다.

이때, 중요한 것은 '가격'입니다. 대량생산에 기반한 표준품과 같은 가격에 이런 개인맞춤형 스마트이어폰을 공급하여야 제조사 입장에서 보면 가격 경쟁력이 있을 것입니다. 아무리 성능 좋은 스마트이어폰이라 해도 소비자들은 그만한 돈을 지불할 만한 가치가 있는지 따지므로 가성비 차원에서도 좋아야 합니다.

ICT, IoT, 5G, 음성인식, 화상인식, 초연결, 인공지능, 3D 프린터, 클라우드, 플랫폼과 같이 최근 언급되고 있는 키워드들에 해당하는 기술들이 표준품 대비 비싸지 않으면서도 개인맞춤형 제품·서비스를 가능하도록 만들었습니다.

우선, 과거에는 개인 신체데이터 스캐닝을 하기 어려웠습니다. 혹 하더라도 시간이 걸리고, 공간적 제약이 있었으며, 관련 원가가 높았습니다. 그런데 지금과 같은 DX 세상에서는 오프라인 공간에 갈 필요 없이 옆 사람에게 부탁해서 스마트폰 카메라로 귀를 여러 각도에서 여러 장 찍어서 제조사에 전송하면, 자동보정 소프트웨어의 도움으로 입체적으로 귀의 형태가 정교하게 파악됩니다. 이에 맞는 형태와 크기로 이어폰의 외형을 만들도록 자동으로 데이터가 클라우드를 통해서 3D 스캐너에 전달되고, 이를 반영하여 스마트이어폰 외형이 제작되므로 사용자의 왼쪽과 오른쪽 귀에 딱 맞을 수밖에 없습니다.

사용자의 귀를 스캐닝하여 이어폰을 만들 듯, 사용자의 손을 스캐닝하여 골프 장갑을, 몸을 스캐닝하여 셔츠와 바지를, 발을 스캐닝해서 신발을, 치아를 스캐닝하여 교정기를 만드는 데 드는 데이터 측정 비용이 과거 대비 대폭 낮아졌습니다.

스캐닝한 데이터를 클라우드를 통해 전달하는 것도 쉬워졌고, 촬영 이미지를 가지고 실제에 맞게 크기, 높이, 깊이, 형태, 상대적 비율 등을 자동보정하는 소프트웨어의 성능이 계속 업그레이드되고 있습니다. 또한, 이렇게 측정된 데이터를 생산에 반영하는 공정관리 체계가 고도화되고 있습니다. 과거에는 라면을 생산할 때, 모든 봉지면에 100g 넣었다면 이제는 '새로이'가 주문한 라면은 120g을 넣고, '여다경'이 주문한 라면은 80g만 넣는 것이 충분히 기능해졌습니다.

유튜브 동영상
5천만 누구나 좋아하는 라면의 재미있는 제조 과정

이처럼 제품만 개인맞춤형이 아니라 '**서비스도 개인맞춤형**' 세상입니다. DX에 관심 있다면 이러한 '**개인맞춤형**'이라는 방향성을 제품과 서비스와 비즈니스에 반영하려고 노력해야 합니다.

앞에 든 예에 나오는 것처럼, 필자가 지난 5년간 집 앞 브랜드 커피 전문점에서 따뜻한 아메리카노만을 거의 매일 앱으로 주문해서 마신 고객이라고 가정해 보겠습니다. 이때 그 커피 전문점 모바일앱의 표준적인 UI/UX에서 정한 순서대로 네비게이션 하면서 6번째 단계에서 주문을 완료하는 것이 좋겠습니까? 아니면 필자가 늘 있는 장소를 GPS로 확인받고, 원클릭으로 주문을 완료하는 것이 좋겠습니까? 고객 입장에서 생각해 보십시오.

개인맞춤형 서비스를 제공하기 위해서는 개인의 행동 패턴 인식, 선호도 등을 확인할 수 있어야 합니다. 그런데 앞에 언급한 것처럼 고객을 '**관찰**'하는 비용이 대폭 감소하였기에 상당한 수준으로 고객에 대한 인사이트를 확보할 수 있으므로 이를 기반으로 서비스 '**시나리오**'를 설계하고 기술로 구현하면 됩니다. 이것이 바로 DX인 것입니다.

항공권을 구매하려고 앱을 열었는데, 필자에게 제주도 항공권+특급호텔+고급 골프장 묶음형 상품을 아주 좋은 가격에 추천하네요. 필자가 제주도 호텔을 검색하면서 가격대와 별점 등급을 어떤 것을 선택했는지 알고 제안하네요. 골프장 검색 시 제가 설정한 가격대를 알고 맞춤형 제안을 하네요. 이와 같이 고객 관찰로 파악한 데이터를 기반으로 기존 상품을 매칭시켜서 제안하는 시나리오 같은 것들은 이미 상당히 많이 실현되어 있습니다.

그런데 이러한 '**개인맞춤형**'은 더 많은 경우, 더 많은 상황에서 서비스 시나리오 디자인에 감안되어야 합니다. 그것이 DX의 방향입니다.

아빠, 엄마, 아들 세 식구가 사는 가정을 예로 들어보겠습니다. 아빠는 드라마를 보고, 엄마는 골프를 즐겨 보며, 아들은 축구를 주로 봅니다. 그런데, 우리 집 TV를 켜면 언제나 첫 화면은 똑 같습니다. **개인맞춤형** 서비스 세상이라는 것이 전혀 실감 나지 않습니다. TV에 설치된 카메라로 고객을 관찰할 수 있고, 고객이 용도에 맞는 관찰을 제한적으로 허용해 줬다면, 누군가 TV를 켤 때 3초간 카메라를 켜서 '엄마'임을 인식하고 골프채널부터 보여드려야 하지 않을까요?

아들 입장에서 생각해 보면 TV를 켜면 우선 축구채널이 나와야 하는 것이 아닐까요? 지난 3년간 단 1초도 본 적 없는 홈쇼핑채널은 왜 계속 방송 리스트에 있는지 아들은 이해하지 못합니다.

'새로이'는 중견기업 마케팅 부서에 근무합니다. 회사에서 마케팅교육을 받으라고 합니다. 약 10분 정도 분량의 모바일 마이크로러닝 콘텐츠 100여 개를 제공해 주면서 틈나는 대로 자투리 시간에 학습하라고 합니다. 100개의 콘텐츠 제목을 훑어보니 STP, 4P, SEO 등 아는 개념들에 해당하는 콘텐츠도 보이고, 프리토타입, 리타겟팅, 반응형 검색 광고 등의 키워드는 사실 잘 몰라서 궁금합니다.

원하는 주제를 원하는 시간과 원하는 장소에서 아주 짧고 핵심적으로 학습할 수 있는 모바일 마이크로러닝이라는 개념이 참 좋은 것 같습니다. 하지만 이미 아는 것도 있는데 100개를 꼭 다 들어야 하는지 의문이 듭니다.

사전에 자연스럽게 ICT를 활용해서 나를 **관찰**하여, 내가 원하거나 나에게 추천하는 **맞춤형** 콘텐츠를 제시해주면 좋지 않을까요? 그게 어렵다면 최소한 100개를 ABC로 분류해서 추천해 주거나, 알고리즘 기반으로 최적 콘텐츠부터 순서대로 보여주면 좋지 않을까요?

그렇다면 같은 100개라도 앱을 열면 사람마다 다르게 '**개인맞춤형**'으로 보이겠네요.

이런 방향이 바로 DX입니다.

우리는 DX 사고를 더 전향적으로 해야 합니다. 많은 제품과 서비스가 '**개인맞춤형**'이 되는 세상이 대대적으로 다가온다는 생각을 가져야 합니다. 이런 방향성을 이해하고 공감해야 그에 대응하는 세상의 변화, 즉 DX를 제대로 할 수 있습니다.

모든 라면은 100g, 수프(Soup)는 16가지 항목을 정해진 정량만큼 넣고 혼합, 포장, 제조하는 세상에서 살고 있는 우리들은 이제 사람마다 주문에 따라 면의 그램과 수프의 항목과 그램을 다르게 제조하여, 정확하게 주문한 사람에게 포장, 배송되는 시나리오를 상상해야 합니다.

그래야 스마트 제품, 스마트 서비스, 스마트 팩토리, 스마트 로지스틱스를 제대로 이해하고 준비할 수 있습니다. 속도, 품질, 원가절감을 지향하는 대량생산에서 개인맞춤형 제품을 표준품 가격에 제공하려는 스마트 팩토리를 떠올려 보면, 현재 대비 많은 문제 의식이 생기고, 이 과정에서 제대로 된 DX를 할 수 있습니다.

'신속한 시행착오'방식도 고려

앞에서 과거 경험기반 인사이트를 데이터(사실)로 보완해야 함을 말하면서 최근 경영환경은 VUCA 즉, 변동성이 크고(Volatile), 불확실하며(Uncertain), 복잡하고(Complex), 애매모호(Ambiguous)한 속성을 가지고 있다고 했습니다.

이러한 상황하에서 과거에 해오던 것처럼 정교한 DX 기획이 과연 유효할 수 있을까요?

VUCA할수록 더 많은 변수를 더 정교하게 분석해서 최적화를 기획하고 실행해야 그나마 성공 확률이 높아진다고 볼 수도 있습니다. 하지만 다른 한편으로는 제아무리 그런 분석을 기반으로 솔루션을 만들어도 기획하고 있는 동안 벌써 여러 변수가 이전과는 다르게 움직이고, 변수 간의 상호성에 의해서 미처 예측하지 못한 방향으로 비즈니스 상황이 전개되는 것을 최근에 더 자주 경험하게 됩니다.

VUCA한 경영환경에서 이런 DX 접근은 어떨까요?

대략의 방향성을 가지고 최소기능제품(MVP=Minimum Viable Product)를 만들어서 고객의 피드백을 받아 지속적으로 수정해 가는 '**신속한 시행착오**'법은 어떨까요?

물론, 모든 DX를 신속한 시행착오법으로 해야 한다는 것은 아닙니다. VUCA한 경영환경에서 어떤 DX 과제를 마주했을 때, 혹시 정교한 기획보다 신속한 **시행착오법**이 더 좋은 방법이 아닐지 한 번쯤 생각해 봐야 한다는 것입니다.

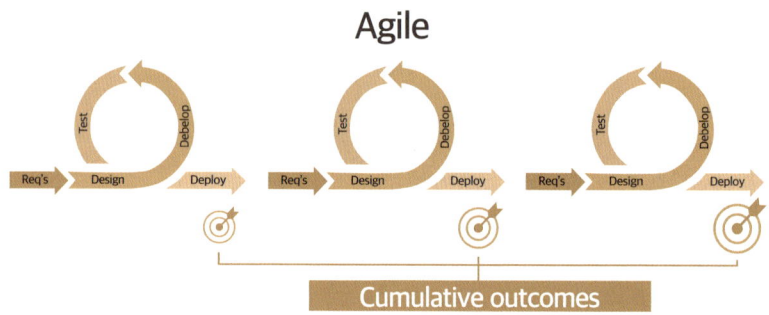

예를 들어, 병원에서 유전자 특성, 암 발생 가능성, 알러지 물질, 잘 안 맞는 음식 성분 등을 한 번에 검사하는 당일 피검사 서비스를 제공한다고 가정해 보겠습니다. 이때 정교한 기획을 한다면, 어떻게 채혈하고, 어떤 장비를 사전에 갖추어 검사를 하고, 그 결과를 어떻게 앱으로 전송하며 그 결과를 확인

하는 앱 상에서 바로 병원 재방문 예약이 가능하도록 해야 합니다. 이뿐 아니라 병원을 재 방문하여 의사가 자세한 설명을 하도록 서비스를 디자인하고, 장비를 구입하고, 서비스를 홍보하고, 검사를 시행하고, 결과가 자동으로 앱에 전송되도록 소프트웨어를 개발하고, 예약 상담을 하는 챗봇을 개발하고, 병원 EMR 시스템에 연동시켜서 예약까지 매끄럽게 되도록 만들어야 합니다. 이는 시간도 걸리고 비용도 꽤 소요되며, 실패할 경우 자원 낭비가 심하게 발생할 수 있습니다.

이처럼 완벽한 통합과 자동화를 지향하는 것은 당연하겠지만, 이러한 시나리오가 고객과 병원 모두에게 유의미한 가치가 있는지 확인하는 차원에서 다음과 같은 과정을 생각해 보아야 합니다. 즉, 우선 기존의 방식대로 채혈을 하고, 세 곳의 다른 검사기관에 각각 혈액을 보내서 결과 데이터를 이메일로 받아서 담당자가 정해진 PC 포맷에 입력해 넣어 환자의 모바일 앱으로 전송하고, 챗봇이 아니라 사람이 고객과 상담하면서 병원 재방문 예약을 하는 **최소기능제품(MVP)이나 서비스**를 생각해 봐야 합니다.

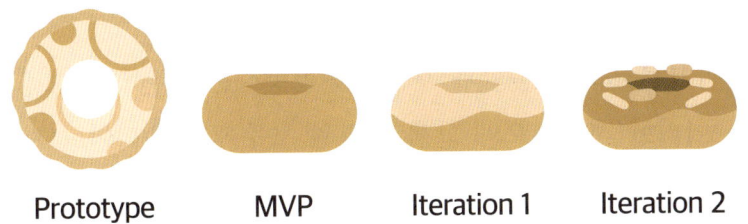

Prototype   MVP   Iteration 1   Iteration 2

이처럼 임시적으로 사람이 중간에 개입하여 수작업을 포함해서 시나리오를 끊김 없이 매끄럽게 완성하여 고객경험에 대한 피드백을 구합니다. 고객들은 이런 이면을 모르고, '이 병원에서는 채혈만 하면 당일 바로 검사 결과가 나와서 앱으로도 보내주고 재방문 예약도 한 번에 되는구나 참 편하고 좋네'라는 피드백을 줄지 모릅니다. 고객 피드백에서 '종이로 출력된 결과를 집으로 송부하는 요청 버튼이나 지정하는 가족 새로이에게 진단 결과를 공유할 수 있는 버튼이 있으면 좋겠다'와 같은 요청이 있다면 즉시, 개선하여 반영할 수도 있습니다.

또 다른 예를 들어, 병원의 Walk-in·Check-in 시나리오에서 병원의 EMR 시스템1이 따로 있고, 열화상 카메라로 체온을 측정하는 시스템2가 따로 있고, 일반 카메라로 안면인식하여 누구인지 파악하는 시스템3이 따로 있는 상황이라고 가정할 때, 정교한 기획을 한다면, 어떤 데이터가 언제 어떤 형태나 어떤 방법으로 타 시스템에 통합되어서 어떻게 자동으로 작동하면 좋을지 기획하고 설계하며 개발하고 테스트하고 출시하여 피드백을 받아 업그레이드하려면 최소 2개월 정도는 소요될 것으로 예상됩니다.

이처럼 완벽한 통합과 자동화를 지향하는 것은 당연하겠지만, 이러한 시나리오가 고객과 병원 모두에게 유의미한 가치가 있는지 확인하는 차원에서, 우선 열화상 카메라에서 파악된 고열 환자 데이터를 원무과 접수 직원의 화면에 알람해 줍니다. 기존의 EMR PC1에 해 주면 좋겠지만 안되면 임시적으로 다른 PC2 화면에 알람해 줍니다(고객들은 모르시겠지만 원무과 접수 직원은 두 화면을 보고 있습니다).

일반 카메라로 안면인식하여 누가 왔는지 확인한 데이터도 원무과 접수 직원의 화면에 보내줍니다. 이 또한 EMR PC1에 해 주면 좋지만 안되면 임시적으로 다른 PC3 화면에 보여줍니다(고객들을 모르시겠지만 원무과 접수 직원은 심지어 세 화면을 보고 있습니다).

이제 원무과 접수 직원은 오늘 예약한 '새로이'님이 내원했음을 PC2 화면에서 파악하고 수작업으로 PC1 EMR에 접수 처리를 합니다. 그리고 카카오플러스친구에 '새로이님, 접수되었습니다. 앞에 기다리는 환자 분은 한 분이며, 진료 예상 대기 시간은 4분입니다'라고 수작업으로 메시지를 전송합니다(EMR PC1에서 카카오플러스친구가 연동되어 자동으로 메시지가 전송된다면 좋지만, 그렇지 못하다면 사람이 수작업으로 시나리오에 맞게 메시지 전송 실행).

이처럼 임시적으로 사람이 중간에 개입하여 수작업을 포함해서 시나리오를 끊김 없이 매끄럽게 완성하여 고객경험에 대한 피드백을 구합니다. 고객들은 이런 이면을 모르고, '이 병원에 왔더니 체온측정, 안면인식 접수, 카카오톡 알림 등이 연동되어 자동으로 제공되고 있어서 참 편하고 좋네'라는 피드백을 줄지 모릅니다. 고객 피드백에서 '카카오톡 알림 시 체온이 몇 도인지 함께 보내주면 좋을 것 같아요'와 같은 요청이 있다면 즉시, 개선하여 반영할 수도 있습니다.

이처럼 DX를 실행하는 과정에서 완벽한 기획과 제품 개발과 서비스를 처음부터 제공하기보다, 어떤 경우에는 고객입장에서 보면 그럭저럭 수용할 만하면서도 개선 사항이 아직은 많이 보이는 **최소기능제품(MVP)이나 서비스**를 디자인해서 실행해 보는 '**신속한 시행착오법**'은 어떨지 생각해 봐야 합니다. 출시 속도의 가속화, 완벽한 시도의 **실패에 따른 자원 낭비**, 낮은 **비용**으로의 시나리오 구현 등이 VUCA한 DX 환경에서 더 유용할 수도 있다는 것을 검토해 봐야 합니다.

혁신에 대한 '개방적' 태도

　DX와 관련하여 어떻게 하면 더 빠르게, 더 효율적으로 성과를 낼 수 있을까요? 그 방법 중 하나가 바로 '개방적'으로 접근하는 것입니다. DX의 처음부터 끝까지 모든 것을 다 인하우스에서 하려면 많은 자원과 노력이 필요합니다. 그리고 많은 경우에 가능하지도 않습니다. 그런데도 이를 자체적으로만 해결하려고 노력하면 시간은 지체되고, 비효율적인 DX가 됩니다. 이 글을 완성한 책의 저자가 책 디자인까지 스스로 하려고 든다면 시간이 훨씬 더 많이 걸리고 비효율적이지 않을까요? 도서 출판 전문 디자이너에게 맡겨야 하겠죠.

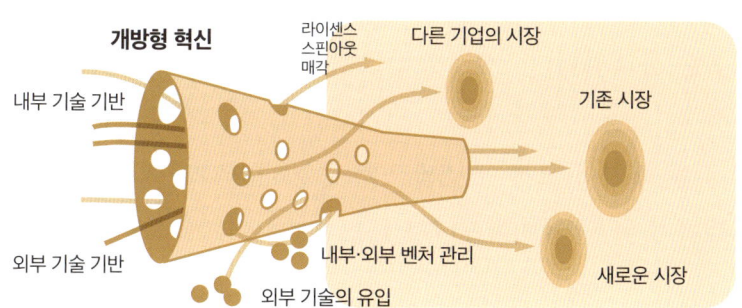

LVMH는 모엣샹동, 헤네시, 펜디, 도나카렌, 지방시, 디오르, 겐조, 루이비통, 마크제이콥스, 셀린느, 태그호이어, 불가리, 티파니 등의 명품 브랜드를 보유한 프랑스 명품 기업입니다. LVMH는 이노베이션 어워드라는 프로그램을 통해 자신들의 비즈니스에 필요한 스타트업들을 발굴한 후, 개방적으로 협업하는 방식으로 DX를 시도하고 있습니다.

이 회사는 2018년에는 LVMH 이노베이션 어워드 프로그램에서 원자재, 지속가능한 소싱 과정 및 방법, AR·VR 혹은 이를 혼합한 리얼리티 기술, 디자인, 온·오프라인 리테일 기술, 블록체인, 빅데이터 분석, 마케팅 솔루션 관련 아이디어 등을 모집했습니다.

ConsenSys라는 스타트업이 제품 생산, 유통, 사후관리까지 전 단계의 거래를 블록체인 기술로 '위조품' 관리가 가능하다고 제안하자, 이를 채택하여 문제를 해결하는 DX 차원의 노력을 하였습니다. 자신들이 해결해야 할 문제가 있고, 이를 실행할 역량이 내부에 없는 경우 개방적 태도를 가지고 DX를 추진한 사례입니다.

국내 대기업 그룹 프로젝트를 수행하는 과정에서 경험했던 사례를 하나 들어보겠습니다.

이 프로젝트는 그룹 각 사에서 근무중인 약 1,200여 명의 상품기획 직무 전문가들을 위한 것으로 그룹 디지털 러닝 플랫폼에 상품기획 역량 향상에 필요한 80여 개의 마이크로러닝 콘텐츠를 큐레이션하여 업로드하고 학습하도록 만드는 업무였습니다.

프로젝트팀은 당연히 상품기획 영역에 대한 다양하고 깊이 있는 콘텐츠가 필요했지만, 국내에서 이를 모두 제공해 줄 수 있는 내용전문가(SME=Subject Matter Expert)를 찾기 어려웠습니다. 그래서 결국 프로젝트팀은 양질의 마이크로러닝 콘텐츠를 큐레이션하기 위해서 '**개방적 접근**'을 시도하였습니다.

디지털 러닝 플랫폼에 누구나 접속할 수 있도록 한시적 아이디와 패스워드 생성이 가능하도록 하였으며, 콘텐츠 큐레이션 방법 동영상 매뉴얼을 만들어 공개하고, 상품기획 관련 인사이트가 있는 전문가는 누구라도 그룹 디지털 러닝 플랫폼에 와서 콘텐츠를 큐레이션해서 업로드할 수 있게 했습니다. 이때 채택된 콘텐츠는 1,200여 명의 상품기획 전문가들에게 오픈하여 수강하도록 할 것이며, 그 수익은 일정한 비율로 나누겠다고 공지하였습니다.

그러자 예상했던 수치에 10배가 넘는 상품기획 관련 다양한 내용전문가들이 자발적으로 콘텐츠를 큐레이션해서 업로

드했습니다. 프로젝트팀에서 전문성이 부족함에도 자체적으로만 해결하려고 노력했다면 시간은 지체되고, 비효율적인 프로젝트가 되었을 것입니다. 이처럼 '개방적 태도'로 DX에 임하는 것을 추천합니다.

그런데 왜 개방적 방법이나 개방적 프로그램, 또는 개방적 프로세스 등이 아니고 **'개방적 태도'**라고 했을까요? DX를 개방적으로 하겠다는 태도만 확보된다면 방법, 프로그램, 프로세스 등은 결코 어렵지 않습니다. 가장 어려운 것이 이러한 태도를 갖는 것입니다.

폐쇄적 비밀 유지보다는 개방적 태도를 통한 속도를 더 중요하게 생각할 것을 추천합니다. 물론 어떤 것은 비밀 유지가 더 중요하고 우선하는 경우가 있을 것입니다. DX를 추진하면서 비밀을 유지하고 폐쇄적으로 연구개발을 하고 제품과 서비스를 출시하려는 상황에서 혹시 '개방적 태도'로 접근해 봐야 하는 것은 아닌지 점검해 봐야 합니다.

이러한 DX 혁신에 대한 개방적 태도가 확보되면 자연스럽게 **'생태계 구축'** 노력을 하게 됩니다. 이것은 매우 진지하게 생각해야 하는 중요한 DX 관련 시사점입니다.

유튜브 동영상
진정한 공유경제란?

DX는 기술적으로 보면 인공지능, 빅데이터 분석, AR·VR, 3D 프린터, 로봇, 5G, IoT 등에 의해서 가능합니다. 그런데 DX 환경을 둘러싼 핵심 키워드인 '초연결'과 '분산환경'을 생각해 보면 결국 혼자 모든 것을 다 해결하려는 폐쇄적 태도보다는 생태계를 구축하려고 노력하는 개방적 태도의 접근이 더 빠르고 더 효율적으로 성과를 낼 확률이 높습니다.

유튜브 동영상
5G 기술 '산업 생태계' 바꾼다

지금까지 'DX, 어떻게 할 것인가?'에 대한 몇 가지 저자의 생각을 말씀드렸습니다.

정리해 보면, '고객'이 원하는 DX에 집중해야 합니다. 이를 위해서는 우선 '고객'이 누구인지 명확하게 할 필요가 있습니다. 그리고, 과거 경험기반 인사이트는 현재 '데이터(사실)'로 보완하려고 노력해야 합니다. 한편, 고객에 대한 인사이트는 ICT를 활용한 '관찰'을 통해서 확보하려고 시도해 보십시오. 그리고, 솔루션을 제시할 때는, 기술보다 '시나리오'가 우선이며, 최근 메가트렌드는 '개인맞춤형' 스마트 제품·서비스를 지향하고 있음을 꼭 기억하십시오.

DX를 추진하는 과정에서 만약 불확실하다면 정교한 DX 기획보다 '신속한 시행착오' 방식을 시도해 보시고, 마지막으로, DX 혁신을 '개방적 태도'로 접근하는 것이 폐쇄적인 접근보다 더 빠르고 효율적으로 성과를 낼 수 있다는 믿음을 가지면 좋겠습니다.